寻迹湖北

张建伟　著

云南美术出版社

图书在版编目（CIP）数据

寻迹湖北 / 张建伟著. -- 昆明：云南美术出版社，
2024.1

ISBN 978-7-5489-5414-9

Ⅰ.①寻… Ⅱ.①张… Ⅲ.①名胜古迹—介绍—湖北
Ⅳ.①K928.706.3

中国国家版本馆CIP数据核字（2023）第129086号

责任编辑：赵异宝
责任校对：方　帆　赵庆龄
装帧设计：新梦渡

寻迹湖北

张建伟　著

出版发行：云南美术出版社（昆明市环城西路609号）
印　　刷：武汉鑫佳捷印务有限公司
开　　本：787mm×1092mm　1/16
印　　张：15.125
字　　数：250千
版　　次：2024年1月第1版
印　　次：2024年1月第1次印刷
书　　号：ISBN 978-7-5489-5414-9
定　　价：88.00元

序

古语说，"读万卷书，不如行万里路"。

后来人们说，"读万卷书，行万里路，便是最好的人生"。

那么，若是将万里路写进一卷书呢？

《寻迹湖北》就是这样的作品。

湖北古称荆楚之地，素有"九省通衢"之称，所谓"九省通衢辖八方，江水两岸荆楚韵"。

湖北顾名思义，在洞庭之北，浩瀚洞庭身处湖南境内，留给湖北的，似乎只有一个名字，以及广袤湖系中的红色洪湖。

《洪湖水浪打浪》，听过这首歌的人有多少？真正到过洪湖的，又有几人？那些我们听说过的美景，有多少最终只留在想象中？

车水马龙，时光匆匆，生活变得越发方便快捷，也让我们变得更加奔波匆忙，又有几个人能拿出一个月、一年的时间慢慢走、慢慢游，认真欣赏每一座城镇，每一方景致，每一处风情。

于是，阅读书籍就成了时间成本最低的旅行，一页页文字，一张张图片，带我们走遍山水，看尽风光。

水源丰沛的湖北，步步是胜景；人杰地灵的湖北，处处有古迹。

自然为人们提供栖身之所，提供鱼米果蔬，人们也在自然中留下自己的痕迹。

这里有无数文人墨客登临的黄鹤楼，几经损毁、重建，如今仁立在悠悠时光中，远眺着"晴川历历汉阳树，芳草萋萋鹦鹉洲"。

这里有令人动容的伯牙子期相会之地，既隔阴阳，琴亦何用，斯人已没，但高山仰止，流水成音，仍在奏响流传千古的乐章。

这里有曾侯乙的大墓，钟鸣鼎食，气度翩翩，那套编钟在暗无天日的墓葬中沉睡，2400 年后的回响空灵，轻轻唤醒了历史。

湖北的山水之美，钟灵毓秀；湖北的人文之盛，灿若星河。

从武汉的木兰山，到壮阔的东湖；从十堰的武当山，到如画的龙潭河。这里有三峡瀑布，溶洞巨坝；青翠的大别山，红色印记闪闪夺目；幽静的神农架，华夏故里亘古万年。

襄阳古隆中，诸葛遗迹犹存，荆州关羽祠、咸宁赤壁古战场，三国风云宛若依旧，又有东坡秋月泛舟，提笔泼墨，气吞千古。

这一处处、一幕幕，如今的风貌，尘封的故事，若是用脚丈量，用眼追寻，怕是一年都走不完、看不尽，如今，被作者撷取珍藏，记入这本《寻迹湖北》。

在湖北，寻找荆楚之风，随着文字和图片，一步步走进历史，融入风景，用心去旅行，用心去体会，它的辽阔壮美，它的山水花林，它苍茫面容背后，沧桑的故事。

灵秀湖北，楚楚动人。

若你曾去过那里，希望这本书，能唤起你的回忆。

若你还不曾去过，希望这本书，能为你带去期待。

在阅读中，享受游走山水、触碰历史的快乐，拥抱万般景象，在万卷书中，行万里路。

江晓英，笔名紫翘，泸州市作家协会副主席，中国作家协会会员。已出版《苏东坡：最是人间真情味》《林徽因：民国最美的女神》《静下来，找回初心》《山水问君心：古诗词中的山水世界》《苏青：风从海上来》《最好相思不相负：古代才女的情与诗》等十余部作品。出版百余万字，纸媒发表作品 200 余篇，网络发表近 600 万字。

目录 ◥◣

第一章
武汉 滚滚长江水，悠悠武汉情

　　一座城市，一个故事。武汉，傍水而生、临湖而建，让你游走在"水、桥、山、楼、寺"的秀美湖光山色之中。大美长江，水上武汉，深厚的人文底蕴为武汉增添了独特的风情。

1. 黄鹤楼，天下江山第一楼

景区：黄鹤楼公园

地址：武汉市武昌区蛇山西坡特 1 号

景区主题：历史建筑

景区指数：★★★★★

推荐指数：★★★★★

"故人西辞黄鹤楼，烟花三月下扬州。
孤帆远影碧空尽，唯见长江天际流。"

黄鹤楼

每每读到这首流传千古、脍炙人口的名句，就会联想到当年伟大诗人李白在黄鹤楼辞别友人时的情景。印象里，我也是从这首诗才开始了解黄鹤楼的。

　　黄鹤楼巍峨耸立于长江南岸的武昌蛇山之巅，为国家 AAAAA 级旅游景区，有"天下江山第一楼""天下绝景"之称。与湖南岳阳楼、江西滕王阁并称为"江南三大名楼"。

　　千百年来，黄鹤楼引得无数文人志士为之驻足。从武昌蛇山之巅到武汉大桥的交相呼应，从独具特色的风俗民情，到传统汉文化流传下来的别致雅韵。这里的每一寸山水都如诗如画，每一寸风景都让人如痴如醉。

　　在我毕业那年的某一天，风和日丽，我与友人芳芳一起踏上了这座穿越了几千年的名楼。从西大门进入，两边是小摊小贩卖纪念品的摊位，拾级而上，进入黄鹤楼公园，第一个景点是胜像宝塔，人们称其为"孔明灯"。胜像宝塔色泽白润，古朴雅致，与黄鹤楼相映成辉。塔体内收外展，是用来供奉舍利的大菩提佛塔。芳芳是个向佛之人，见到瓶腹刻有"如来宝塔，奉安舍利。国宁民安，永承佛庇"就立即双手合十虔诚地祈祷起来。我恰好拿起手机拍下了这一幕，给她作个纪念。

　　出了胜像宝塔，我们经过三楚一楼大牌坊，就来到了黄鹤归来铜雕。"黄鹤归来"由龟、蛇、鹤三种吉祥动物组成，龟、蛇正驮着双鹤奋力向上，而两只亭亭玉立的黄鹤则脚踏龟、蛇俯瞰人间。"黄鹤归来"屹立在花草丛中，四周云雾缭绕，欲腾飞于天际。这里是一处画面极美的景点，到来的游客总会在此处流连忘返。

黄鹤归来

芳芳见到此景很是兴奋，指着铜雕问我："你听闻过它的寓意吗？"我摇了摇头。芳芳就兴致勃勃地跟我讲起了"黄鹤归来"的传说："相传古时大禹治水，感动玉帝，玉帝派龟、蛇二将协助，为镇江患，龟、蛇隔江对峙变为两座大山，形成'龟蛇锁大江'之势，从此水患平息，民安乐业。两只仙鹤俯瞰人间，非常感动，便脱胎下凡，以昭普天同庆。"

看完了黄鹤归来铜雕，从台阶上去，就是被誉为"天下江山第一楼"的黄鹤楼，巍然屹立在长江岸边黄鹤楼公园的中心，雄伟壮丽，古色古香，庄严肃穆，令人神往。四周绿树环绕，亭台回廊，石桥流水，湖畔垂柳，风景十分秀丽。

芳芳见到黄鹤楼就在眼前，不禁触景生情，吟起了一首贾岛的诗：

"高槛危檐势若飞，孤云野水共依依。

青山万古长如旧，黄鹤何年去不归……"

不就是这座楼，曾招引古代众多文人骚客来这里挥毫吟诗吗？这座楼经历了1700多年的历史沧桑，屡毁屡建，达30余次之多。今天的黄鹤楼，虽然整个楼体是在1985年重新翻建的，但还是给人一种历史与文化沉淀出的厚重感。

我与芳芳驻足仰望，这座独特的金黄色的主楼给人一种飞扬上升的感觉。踏着前人脚步，似乎回到了黄鹤楼过去一千多年的江南盛景之中。

黄鹤楼一共五层，我们随着人流的移动走入第一层，高大宽敞的大厅正中央的一幅《白云黄鹤图》陶瓷壁画立即映入眼帘，巨型的壁画映衬下的黄鹤楼显得更加开阔雄伟。壁画刻画得栩栩如生，让人如临人间仙境。芳芳边看边感叹画得真好，特别是画卷中的仙鹤长长的脖颈、欲飞的翅膀，在烟雾缭绕的云朵间，似要飞出这幅画卷来。乘鹤而去的那位老仙人，吹着长笛，那份恬静、那份悠然，竟使你能看到他的长衫在微风中轻轻地抖动，仿佛听到那清幽婉转的笛声，缓缓萦绕……

第二层大厅正面墙上镌刻着唐代阎伯理撰写的《黄鹤楼记》，其中记述了黄鹤楼的兴废沿革和名人轶事。看到墙面上古老的字印，我告诉芳芳，我想到了崔颢写的《黄鹤楼》：

"昔人已乘黄鹤去，此地空余黄鹤楼。

黄鹤一去不复返，白云千载空悠悠……"

久远的黄鹤楼，昔人已乘黄鹤而去，白云底下，只留下空荡荡的楼阁，让人产生无限遐想。芳芳笑我真感性，她何尝不是。游玩一座千古名楼，就如同读一部史诗，让人陶醉在这山水之间。

三楼大厅的壁画为唐宋名人的"绣像画"，同时也摘录了如崔颢、李白、白居易、陆游等名人吟咏黄鹤楼的名句。我们边走边欣赏着名诗名画，不得不感叹古楼历史的悠久、文化的厚重。一些对字画感兴趣的游客，看得出神，久久不愿离开。

四楼大厅用屏风分割成几个小厅，内置当代名人字画，供游客欣赏、选购。

到了顶楼，大厅有《长江万里图》等长卷、壁画。除了长卷、壁画，最让人激动的是，登楼远眺，你就会突然有一种心旷神怡、视野开阔的感觉。"极目楚天舒"，只见滚滚长江，一桥飞架，气势磅礴。俯瞰三镇，高楼林立，绿荫环抱，湖光山色尽收眼底。正如张之洞题黄鹤楼楹联"对江楼阁参天立，全楚湖山缩地来"。

1000多年过去了，如今的黄鹤楼，早已物是人非，鹤去楼空。芳芳不禁咏叹崔颢的诗句：

"晴川历历汉阳树，芳草萋萋鹦鹉洲。

日暮乡关何处是，烟波江上使人愁。"

余望长江之逝水，在晴朗的天空下，早已寻不到当年的汉阳树了；在滚滚的长江水中，也无法见到芳草萋萋的鹦鹉洲残迹了。

在夕阳的余晖下，只留下这个阅尽人间沧桑的楼阁：

"黄鹤西楼月，长江万里情。

春风三十度，空忆武昌城。"

我们从黄鹤楼下来时，有些依依不舍，感觉玩得还不够尽兴。出了黄鹤楼，前面就是观光车乘坐点。左右两边分别是古郢州城垣遗址、宝铜顶。直走正对面就是千禧吉祥钟，这座世纪大钟重达21吨，有着浓郁的楚文化和武汉历史特征，它寄托着1300多万武汉人民的美好祝福。

游客在这里争分夺秒地拍照，排队去敲响这座大钟，祈福一年平安好运。芳芳也在此列，去敲响了这口世纪大钟。付一次费敲10下，每敲一下，就发出"咚……咚"的钟声。游客每敲一下，工作人员就喊一句："事业腾达，万事如意……"

离开千禧吉祥钟，往右走经过一个十字路口，再往回走路过奇石馆，就可进入搁笔亭。亭中间置有石长条案，案上放有石墨砚和笔筒，并配4个石腰鼓凳，别有雅趣。亭名取自盛唐时期黄鹤楼上"崔颢题诗李白搁笔"的一段佳话。据传，号冠"斗酒诗无敌"的诗仙李白登上黄鹤楼，被壮观的景色所陶醉，诗兴大发正欲题诗，见到壁上崔颢的题诗，遂搁笔，并吟出了这首"一拳打倒黄鹤楼，一脚踢翻鹦鹉洲。眼前有景道不得，崔颢题诗在上头"的打油诗，赞叹崔颢的诗太好了。

因崔颢《黄鹤楼》一诗竟令李白折服搁笔，很快为人传诵。此后，有很多人为搁笔亭作过多副亭联，其中最有名的当称清代无名氏所写：

"搁笔题诗，两人千古；临江吞汉，三楚一楼。"

从搁笔亭出来，路过南楼，南楼旧时称白云楼、安远楼、瑰月楼、楚观楼等，它与黄鹤楼、头陀寺、北榭并称为古时蛇山的"四大楼台"。经过南楼东南侧，进入毛泽东词亭。词亭坐北朝南，长宽各6.6米，高9.5米。进入长廊，可以一路领略着伟人毛泽东三次畅游长江之后写下的气势磅礴、豪情满怀的光辉诗篇，同时享受着园内清新的空气、怡人的景色。

从毛泽东词亭出来，我们就看到前面的《九九归鹤图》浮雕。浮雕刻画的是99只不同动态的仙鹤，或栖，或舞，或鸣，或戏，或翔，无一重复，和谐地分布在松、竹、梅、灵芝、流水、岩石、云霞中。云蒸霞蔚，日月同辉，形态各异，逼真传神。

离开《九九归鹤图》浮雕，经过白龙池看到鹅池。池中植睡莲、王莲，还置有两座由太湖石构成的假山，水中红鲤、锦鲤悠闲漫游，几只白鹅"曲项向天歌"，构成一幅美丽的天然山水画。为何取名鹅池？据传，书圣王羲之在黄鹤楼下放过鹅。一日他与一书生聊天论鹅，言鹅是"禽中豪杰，白如雪，洁如玉，一尘不染"。他越说越兴奋，情不自禁地在地上写出一个鹅字。书生爱之，遂临摹藏之。后人为纪念这一佳话，立碑建池。

芳芳看到如此美景，情不自禁地喊了句"好美"。一些游客拿出鱼食喂鱼并拍照，恰好给园中增添了一丝独特风韵。

离开鹅池，向左直上，我们来到白云阁。白云阁坐落在蛇山山峰，凌山顶而建，直入云天。当阳光直照白云阁时，远远看去，朵朵白云从山的四周升腾而起，一轮红日跟山中的白云阁相互依偎着。春秋两季是武汉上空白云较多的时候，游客若是在这时候来游玩，便可陶醉于"白云人伴白云留"的美景之中。

我们这次来正处于夏季，似乎少了朵朵白云点缀其中。芳芳美美地表态说："在秋季时，我还会来这白云阁看看。"

玩到此处时，如果有些疲惫的话，可以在白云阁前坐观光车去岳飞功德坊。岳飞功德坊是石牌坊群中形制高大宏伟的一块牌坊，牌坊上部的画壁上是"二龙戏珠""九龙翻腾""圣麟巡天"等气势恢宏的浮雕。牌坊的西、东横额上分别写有"精忠报国""功业千秋"。

进了功德坊，再往前走，经过岳飞亭，就来到了岳飞铜雕前。站在岳飞铜雕前，你会对这位民族英雄肃然起敬。岳飞铜雕高 8 米，它表现的是岳飞扶鞍勒马、不忍举首北望破碎山河的忧愤神态。岳飞身旁的战马仿佛在嘶啸着，四蹄意欲腾起，冲向敌阵。芳芳一脸肃敬的神情，看着岳飞铜雕出神。

岳飞铜雕

岳飞铜雕旁边矗立一方岳飞手迹"还我河山"石刻。很多热血青年一见到"还我河山"石刻四个大字就激动不已，在此拍照。

我们游完黄鹤楼后，一度还沉浸在那美景中。三楚风云传盛世，千古江山独此楼。黄鹤楼濒临万里长江，雄踞蛇山之巅，挺拔独秀，辉煌瑰丽，伟人毛泽东曾途经武汉，登上黄鹤楼一吐心曲："茫茫九派流中国，沉沉一线穿南北。烟雨莽苍苍，龟蛇锁大江。黄鹤知何去？剩有游人处。把酒酹滔滔，心潮逐浪高！"

小贴士：

亮点：黄鹤楼是武汉市极具人文底蕴的标志性建筑。游玩一座古楼，读一部史诗，陶醉于山水之间。黄鹤楼景点历史人文底蕴丰厚，适合步行慢慢观赏。

交通：坐火车建议到武昌火车站，离黄鹤楼公园只有几站路程。出了武昌火车站就有公交车站，可以坐电车 4 路，公交 10、61、402 等路到黄鹤楼站下。在武昌火车站也可以坐出租车。还可以自驾游，在黄鹤楼公园南大门有一个大型停车场。

黄鹤楼公园管理处官方电话：027-88875096。

营业时间：8：00—18：00。

购物：假日乐园购物广场、百汇商城、黄鹤楼地下商场、鹤来商场、潮流百货、界立方 3 艺术街区、晟世芳草地等。

饮食：户部巷小吃一条街、玉林串串香、周捞爷火锅大戏院、金滏山烤肉、汉锅食记、瑞余烤鱼堂等。

特产：精武鸭脖、武昌鱼、热干面、三鲜豆皮、面窝、老通城豆皮等。

2. 木兰山，盖三楚之极观

景区：木兰山风景区
地址：湖北省武汉市黄陂区木兰山
景区主题：湖光山色
景区指数：★★★★★
推荐指数：★★★★★

四月初的一个周末，天空格外的蓝，风和日丽。一大早，我就带妻子和女儿来到了心中向往已久的名山——木兰山。

木兰山因木兰将军而得名，是木兰将军的故里，佛道两教圣地。之所以选择来木兰山，是因为我从小就读过花木兰替父从军的感人故事，她一直是我心里的巾帼英雄。还有那首耳熟能详的《木兰辞》："唧唧复唧唧，木兰当户织。不闻机杼声，惟闻女叹息……"

一早，我们一家三口就坐车来到了木兰山脚下。此时，山上浓浓的雾还没有散去。远处的景观一片朦胧，就像童话中的仙境。在来的路上，我跟女儿讲了木兰替父从军的故事。

从木兰胜景广场入口处拾级而上，陡峭的石阶均匀有致，一直延伸至金顶和玉皇阁。山上有古建筑群，建有七宫八观三十六殿。沿途的建筑群高低错落，斗拱飞檐，门牌庙宇各有特色。

走过第一道天门，左侧是法藏寺，右侧是大雄宝殿。大雄宝殿里供奉着西方三圣，中间是一尊阿弥陀佛，旁边是观世音和大势至菩萨。

第一天门

穿过南天门，迎面而来的是四个醒目大字"道法自然"。这四字散发着老子的智慧和豁达，启迪着芸芸众生，"天人同道、万物一体，以天待人、物不胜天，道法自然……"

经过二天门，沿台阶而上，我们来到了木兰殿。木兰殿雄峙在绝壁之上，朝晖夕映，金光灿灿。殿内供奉着三尊木兰将军像，中间的木兰将军着官袍，手捧宝剑；左边的木兰将军一身戎装，手牵明驼；右边的木兰将军着解甲归田后的女装。三尊塑像，栩栩如生。

唐会昌年间，诗人杜牧任黄州刺史，到木兰山游玩，追怀往事，写下了一首诗——《题木兰庙》：

"弯弓征战作男儿，梦里曾经与画眉。

几度思归还把酒，拂云堆上祝明妃。"

离开木兰殿，沿台阶继续向上攀登，便可达到金顶。金顶为木兰山最高的一处景点。凌空而望，景色尽收眼底。奇峰千丈，空入云际。郁郁葱葱的树林，道坛上缕缕清香，山脚下的田园村庄，再美的笔墨也勾勒不出如此美的仙境，难怪明代诗人屠达曾说："木兰为西陵最胜，盖三楚之极观。"

木兰山留影

从金顶下来，在一个凉亭休息片刻后，就来到了第一天峰——玉皇阁。巍巍木兰山，煌煌玉皇阁。相传玉皇阁是木兰将军当年凯旋归来，朝廷为她赐冠之所。木兰代父从军十二年，英勇善战，屡建奇功。她不受俸禄，解甲归乡。朝廷为表明木兰"功悬日月"，便把木兰山赐冠木兰，赐冠之所定在可触日揽月的最高峰。玉皇阁内供奉着玉皇大帝的圣像，千百年来，香客云集，热闹非凡。

玉皇阁一角留影

玉皇阁右侧有一条木兰索道，全长 1000 余米，高差 247 米，为单循环吊篮双人式客运索道，共有吊篮 108 个。乘坐木兰山索道上下山，不但可以免除旅途疲劳，还可以饱览有千余年历史的古寨墙，茂密的原始森林以及石景公园等木兰胜景。

从玉皇阁下来，往右走，就可以来到棋盘石。在这途中，有一块叫龙尾石的岩石令人印象深刻。它凌空而起，悬于天地间，如一个龙尾。一直以来，龙尾石骄傲地展示着自身的美丽和大自然的鬼斧神工。

在到达棋盘石时，有一些冒险的游客攀爬在棋盘石上面。我尝试攀爬上去，却未能成功。妻儿和女儿在一旁嘲笑我太过胆小，没办法，我只好承认，且对棋盘石是既爱又恨。

棋盘石，传说是木兰将军解甲归乡后，时常到这块巨石上与同道人下棋。棋盘石险峻异常，凌空耸立，最为称奇的地方是，石头上有一条较宽的拉张裂缝，历经数千年却还能纹丝不动。

离开棋盘石，再往前走，来到木兰山钟楼上时，已是下午两点左右，妻子和女儿额头上已渗出颗颗汗珠。我们边走边玩，美照一个也没落下。

此时，木兰山钟楼上鼓声阵阵。悠长的鼓声，像是穿越千年，似乎在呼唤这里的主人。木兰山上的一石一景都浸润着木兰文化，有讲不完的木兰故事。登高远眺，木兰山昂立天宇，群峦秀峰气势磅礴。古朴别致的建筑群，千姿百态的石林，姹紫嫣红的奇花，幽深静谧的田园，风光旖旎，美不胜收。明代诗人朱臣颐曾写过一个题为《木兰山》的诗句：

"未有木兰先有山，

山名偏借木兰补。

木兰与山名俱在，

山并木兰争万古。"

芸芸众生，木兰山上的一山一水、一草一木蕴藏着的都是木兰将军最动人的传说，传承的都是"忠、孝、勇、烈"的木兰精神。木兰山上景色宜人，春日鸟语花香，夏季云雾缭绕，秋天层林尽染，冬日银装素裹。清幽宜人，峰回路转，佳境荟萃，鬼斧神工，如仙如幻。站在山顶往下看，山下门庭若市，山上香火旺盛，那些络绎不绝的善男信女们，传递着真挚的祷告。

我们一家三口走小路下山途中，看见一处木兰将军雕像，在夕阳的余晖下，显得很是沧桑、孤单。女儿手指着雕像问，"她就是木兰将军吗？"我应道是。

"千载孤坟过客悲，红颜薄命寄芳祠。"此时此刻，让人感慨万千：美山美景，独缺美丽的你。这里的树木为你而栽，这里的雨滴为你而下，这里的花草为你而开放，谢仙亭下，只为等待你的归来……

小贴士：

亮点：木兰山风景区海拔 90 ~ 582 米，山势呈南北走向，南低北高。东拥木兰湖，南瞰木兰天池，西挽滠水河，北枕大别山。常年举办全国山地户外挑战赛和木兰庙会、木兰山登山节。

交通：从武汉市内各方向乘坐公交，前往黄陂新客运站，在此搭乘木兰山旅游专线车即可。

专线车运营时间：每天 8:00—15:30，30 分钟发车一班。

专线车运营线路：集散中心（黄陂新客运站）—木兰草原—木兰山—木兰天池—木兰云雾山—集散中心。

自驾游：武黄高速、沪渝高速、京港澳高速出发—武汉外环—黄陂—上黄土公路 25 公里处—长岭街右转—3 公里到木兰山风景区。

武汉市黄陂区木兰山风景区管理处官方电话：400-0027-838；027-61502718。

营业时间：8：00—19：00。

购物：木兰平价超市、随缘超市、木兰精品店等。

饮食：万顺农家饭庄、金福缘农家饭庄等。

特产：黄陂芦笋、黄陂荆蜜、黄陂豆丝、黄陂三合等。

3. 归元寺，无限风光入翠微

景区：归元禅寺风景区

地址：湖北省武汉市汉阳区翠微路 20 号

景区主题：宗教场所

景区指数：★★★★

推荐指数：★★★★

归元寺是我大学毕业去武汉游玩的第一个景点。当年，我舅舅住在归元寺斜对面的六楼，在六楼就能看到归元寺内的景色。去归元寺玩，当时是我的一个表妹提议的。

归元寺是全国重点佛教寺院，被誉为"天下祈福最灵寺"。与宝通禅寺、古德寺、莲溪寺并称为武汉佛教的"四大丛林"。因为表妹去过多次，她自然成了我的向导。据她介绍，归元寺是武汉市香火最旺的寺庙之一。每逢正月初五，从全国各地来到归元寺的香客人山人海，场面非常壮观。

在去归元寺的路上，表妹说："武汉有大小寺庙百余座，不乏一些经历了千百年的历史悠久、文化深厚的寺庙，但我最喜欢的是归元寺。"

不久后，我俩就来到了归元寺大门前。

归元寺大门

归元寺的大门，一共有三个门，即佛经里的三解脱之门，中间的是空门，左右分别为无相门和无作门。此三门都为八字朝阳开，意为广结善缘、普度众生，大门上方写有"归元禅寺"牌匾。据传，"归元禅寺"四字为白光法师起笔所写。当年，归元禅寺的开山祖师白光法师在寺院建成后要离去时，主峰法师率众僧挽留未果，就请白光法师题写寺名，永志纪念。

一进寺院，淡淡的檀香扑鼻而来。首先，映入眼帘的是六个大字"南无阿弥陀佛"。寺内古树参天，花木繁茂，泉清水绿，曲径通幽。与寺外的繁华喧嚣相比，寺内宁静而淡雅。佛门之地，似乎永远都是出淤泥而不染的地方，这里没有世俗的污浊，只有树影的清净。

归元寺由南院、北院和中院三个院落组成，分别有钟楼、鼓楼、大雄宝殿、大士阁、罗汉堂、藏经阁等建筑。佛经有言"归元性无二，方便有多门"，意指万法归一，方便于人的门道很多。归元寺寺名即来源于此。

表妹带我穿过一道山门，进入北院，来到了北院的主体建筑——藏经阁，里面供奉的是释迦牟尼佛。藏经阁是一座两侧五开间的楼阁式建筑，高约25米，阁楼四周斗拱飞檐，古朴玲珑，整个建筑精巧壮观，金碧辉煌。这里藏有许多佛教文物，除《藏经》外，还有佛像、法物、石雕、书画碑帖及外国的佛经，是国内收藏佛像较多的一座佛寺。

　　游玩了藏经阁，表妹又带我来到了"荆楚第一高双面观音"，我第一眼看到这尊双面观音像很是震撼。佛像高达21.8米，全部由黄铜铸成，重达20余吨。观音像一面朝东，一面朝西，一手持净瓶，一手结手印。佛像前，许许多多善男信女驻足拍照。

荆楚第一高双面观音

　　藏经阁的左侧是大士阁，表妹带我绕过大士阁，来到了中院的放生池，池中有好多乌龟，表妹对那个放生池很是感兴趣。池中有两个荷叶形状的圆盘，乌龟们经常爬到圆盘中休息晒太阳。一到放生池，表妹兴奋地跟我讲："若把硬币扔到龟背上，就会大富大贵。"边说边从兜里拿出硬币扔了出去，一连扔出几个硬币也没能扔到龟背上，摊了摊手，不由自主地叹道："得了……谋事在人，富贵在天。"看着表妹那叹气样，我一阵好笑。

放生池留影

离开放生池，我们来到了韦驮殿。韦驮殿门前的石狮为百年文物，出自清代匠人之手。大门上的匾额"归元古刹"为黎元洪的手书。据传，民国元年（1912），归元禅寺募化重修，黎元洪带头捐款，并赠送三块巨匾祝贺，其中"归元古刹"和"胜大宏阔"流传至今。韦驮殿里供奉的是护法神，我们边走边欣赏。

穿过韦驮殿，就来到大雄宝殿。大雄宝殿是寺院的中心殿堂，或称大殿，是寺内僧人上早、晚课的场所。大殿正中供奉着释迦牟尼坐像，两侧为其弟子阿难和迦叶。释迦"偏袒右肩，结跏趺坐"，十分庄严静穆，威仪俨然。

在释迦牟尼的背后是一组海岛观音像，只见海岛观音赤足站在鳌头上，左右侍立着龙女和童子，整个塑像向前倾倒，一眼望去，像是观音的衣袖在飘动一样。

看完大雄宝殿，经过一条长长的走廊，来到罗汉堂。关于罗汉堂，民间有谚："上有宝光，下有西园，北有碧云，中有归元。"这座寺院的五百罗汉具有代表性，是佛教五百罗汉塑像艺术的精华。

刚一踏入罗汉堂，就被里面的罗汉深深吸引。五百罗汉或哭或笑，或思或跳，或胖或瘦，或老或少；有的卧石看天，有的盘腿端坐，有的研读佛经，有的祛邪除恶等，形态各异，栩栩如生。

表妹指着眼前的罗汉说："游客来到罗汉堂，一般是冲着数罗汉来的。"表妹见我不解，就进一步解释说："数罗汉，就是从任意一尊罗汉开始，顺着数完自己现有的年龄，这最后一尊罗汉的身份、表情和动作，便可昭示数者的命运。"我听后感觉挺有意思的。

表妹不经我同意，就擅自为我数了起来，数到最后一位坚持三字尊者罗汉。诗云：

"得天独厚逢佳运，事半功倍超常人。

心宽体胖可高枕，东风时借有神灵。"

逛了这么久，表妹找了一个凉亭坐了下来，我乐此不疲地到处逛着。

归元寺以弘扬佛法闻名于世，以建筑完美，雕塑绝妙，珍藏丰富而声震佛门，几百年来一直是佛教信徒朝拜的圣地，也是中外游客游玩的名胜。归元寺的美景，有如白雉山对联所写：

"有缘山色来禅寺，无限风光入翠微。"

小贴士：

亮点：归元寺以弘扬佛法闻名于世，以建筑完美，雕塑绝妙，珍藏丰富而声震佛门，几百年来一直是佛教信徒朝拜的圣地，也是中外游客游玩的名胜。

交通：公交 45 路、707 路、524 路、26 路、42 路、535 路及市内旅游专线 1 路等均可到达景区。

武汉归元禅寺官方电话：027-84844756。

营业时间：8：30—17：00。

购物：汉商百货、新世界百货、中防地下商街等。

饮食：归元大觉宾舍酒店、鹦鹉美食风情镇、归元宝莲养生素食馆、云集斋等。

特产：归元寺石头饼、归元寺什锦豆腐脑、武汉粉蒸肉、易记酸辣粉等。

4. 木兰天池，醉杀天池秋

景区：木兰天池风景区

地址：武汉市黄陂区长轩岭石门

景区主题：自然保护区

景区指数：★★★★★

推荐指数：★★★★★

在一个阳光明媚的五月，公司工会组织了一次踏青活动。我们二十多人组成的小团队，赴素有"人间瑶池"之称的木兰天池风景区。

一路上，我们欢声笑语。带着对木兰天池的憧憬，大巴车飞驰在公路上。出了市区，看到郊外的青山绿水，一片片郁郁葱葱的田园风光，心情无限好。

1个小时后，来到了木兰天池山脚下。

一下车，首先映入眼帘的是一块刻有"木兰天池"四字的巨石。在蓝天白云下，立于苍穹之中。望着眼前的大山，感受着清新的空气，虽然是在天池大门外，感觉也别有一番滋味。

见到向往已久的胜地，我们一行人迫不及待地走了进去。进入天池，心境豁然开朗。绿树成荫，碧水环绕，景色美丽至极。我们从右侧小路来到了鱼跃龙潭，平静的湖面，池水碧绿。广场前耸立的一尊汉白玉雕像的花木兰特别醒目，一身戎装，右手挥剑直指苍穹，煞是威武。

花木兰雕像

我们继续往前走，经过龙池堰，来到了三道门，看见一块形似蘑菇的大石头立在溪流中。溪水潺潺，两旁枝繁叶茂，鸟语花香，胜似人间仙境。古《木兰诗》云：

"将军百战死，壮士十年归。"

相传，木兰将军解甲归田之后，返回外婆家为百姓做了一件好事，为了阻止山洪的肆意泛滥，用利剑劈削出了三道石墙。木兰的师傅李顺天道长欣然提笔，在整齐排列的三道石墙上题写了"三道门"。

为了更接近大自然，我们开始向森林大峡谷进军。一路上，我们笑语连连，凡看到美景，都要抢着拍照。山路边的野花点缀着美丽的木兰天池，有红的、粉的、白的、紫的……散发着沁人心脾的清香，令人陶醉。

大峡谷从山上绵延而下，全长3.5千米，途中怪石林立、叠泉飞瀑、林茂竹翠。由飞瀑、溪潭、怪石、奇木"四绝"构成的自然景观达200多处，可谓"十步一景，百步一绝"。峡谷两头挑着明镜一般的湖泊，下起小天池，上接大天池，上下落差约有200多米。在峡谷入口左侧有一块巨石，上面有着一道道神秘的纹路，像刀砍斧凿，或者鞭痕笞印。或许，它们是水流的年轮。

拾级而上，我们一行人陶醉在沿途的自然风景中，峰高林密，风景秀丽。没过多久，我们攀爬到了龙脊石，只见一条溪水潺潺的深沟中，平卧着一块巨型长石，因其外形酷似一条巨龙的脊骨，故取名为龙脊石。

我们继续沿着逶迤的山谷而上，来到了穿瀑崖。穿瀑崖最大的特色是两块巨石有数十米高，如同被巨斧劈成了两半。其中一条白色的瀑布仿佛巨龙穿崖而下，真可谓鬼斧神工之作。

离开穿瀑崖，继续往前走，路过龙珠潭。看着溪水潺潺，时隐时现，在青山绿树间流动不息。看惯了城市的繁华与喧嚣，在这里能找回心灵的宁静。此时此刻，唯有尽情享受这份自然的恬静与清幽。

在木兰天池景区里，沿途的瀑布有很多，几乎是"三步有一瀑，五步是一景"。当我们来到大瀑布前时，雷鸣一般的轰响震撼人心，如同白鹭上下争飞。虽然比不上庐山瀑布的雄伟壮丽，比不上黄果树瀑布的飞流湍急，但却是武汉不可多得的山水画廊。

走近瀑布，静下心来，你能感受到空谷的回音、天籁入耳的奇妙。

一路上翻山越岭，连续爬了一个多小时的山，终于到达了山顶。见到大天池那一刻，同事们都沸腾了。高山环抱的天池水如明镜，清澈碧绿。游船踏浪，驶过倒映着青山白云的池水，荡起阵阵涟漪。众人无不禁叹："此景只应天上有，人间哪得几回见。"

木兰天池

正如一位作家游完木兰天池时所写："石门锁大别，天池秀木兰。古道接悠远，山气入青岚。溪涧听天籁，飞雪落幽潭。空山不见人，但闻溪流声……"

小贴士：

亮点：十步一景，百步一绝，"森林沐浴"的最佳去处，高山环抱的天池水如明镜，清澈见底。游船踏浪，驶过青山白云倒映的池水，仿佛来到人间仙境。

交通：从武汉市内各方向乘坐公交，前往黄陂新客运站，在此搭乘木兰山旅游专线车即可。

专线车运营时间：每天 8:00—15:30，30 分钟发车一班。

专线车运营线路：集散中心（黄陂新客运站）—木兰草原—木兰山—木兰天池—木兰云雾山—集散中心。

自驾游：从武黄高速、汉宜高速、京珠高速上武汉外环至黄陂木兰天池。

武汉市丰太木兰天池旅游有限公司官方电话：400-0279-993。

营业时间：8：00—19：00。

购物：平价超市、友缘超市、商亭等。

饮食：香满楼土菜馆、木兰餐厅、天池土菜馆等。

特产：豆丝、天池银冻米、葛粉油面等。

5. 九真山，高山流水遇知音

景区：九真山风景区

地址：武汉市蔡甸区永安街炉房村

景区主题：山峰

景区指数：★★★★★

推荐指数：★★★★★

"空竹文琴传钟伯，高山流水逢知音……"几千年以来，春秋时期晋人俞伯牙、钟子期"高山流水"的故事感动着一代又一代人。在一个夏初，天气晴朗，草木生机盎然，我与几个友人一起去了"知音故里"——九真山风景区。

九真多名胜，素有"蓬壶仙境"之称。九真山位于蔡甸区九真山国家森林公园内，自然资源丰富，文化底蕴厚重，是知音文化的发源地。景区内植被繁茂、沟壑纵横、山泉潺潺、鸟语花香，四季景色迷人。

我们与九真山距离较近，不到1小时就到了九真山。在来的途中，微风拂面，绿葱葱的田埂上蛙声一片。

九真山大门

我们停好车后，进入景区。景区内的游客很多，绝大多数是冲着九真山迷人的景色而来。还有部分游客是公司或团体来做素质拓展训练的。站在景区脚下，远远望去，山峦起伏，林木苍翠。在历代著名登山者中，曾留有脍炙人口的诗句：

"十年不到九真峰，昨夜梦游第几重。

山下人家山上寺，一声樵斧一声钟。"

我们一行人边走边聊。山路两旁都是郁郁葱葱的大树和竹子，行走其间，极其宁静。我们经过垂钓池、野狼谷训练营，顺着知音谷，来到了抚琴石。只见丛林荒野间钟子期和俞伯牙的石像，伯牙手扶琴石，兴致盎然地弹奏着《高山流水》。钟子期侧目相望，一旁静听，似乎正沉醉在那幽静、优美的琴声之中。

相传，晋国士大夫俞伯牙出使楚国途中，与楚国樵夫钟子期在古汉阳江边的山崖上因琴声相识，并约定第二年的此时今日再续知音缘。翌年，伯牙如期来到此地时，惊闻子期已逝后悲痛欲绝，哀叹从此天下无知音，遂摔祖传瑶琴于子期墓前，情深义重感天动地。

站在他们的石像前，我沉浸在他们的故事中。知音谷边，溪流奔涌，高山流水，知音难觅。一个是晋国士大夫，一个是楚国打柴人，他们因琴声结缘。如今，在九真山上再续前缘。

离开抚琴石，前面就是子期草庐。茅庐十分简陋，木质小屋，篱笆做的围栏，院内有竹桥、古井，周边有参天大树遮蔽。据传，钟子期隐居山林，以砍柴为生，子期草庐再现了钟子期当年的生活环境。

我们沿着知音谷的林荫小道继续往上爬。经过试斧石、山人居，来到了九真观遗址。站在九真观的香鼎前，众人感慨万千，万事万物，都抵不过岁月的摧残。如今的九真观，经过岁月长河的洗礼后，已经非常简陋破败，只剩香鼎里还残余一点点香火缭绕。

九真观遗址处就是520级的扶云梯了，拾级而上，就可到锁情台。从扶云梯向上看，不禁望而生畏。我来之前就知道这个锁情台，锁情台上立有天下第一同心锁，它是爱情的神圣见证，有月老作媒，苍天作证。有诗云：

"登高万仞手扶云，翘首楼台敬意生。

腐草石碑千古泪，天长地久锁真情。"

为了尽快登上锁情台，我不顾额头上渗出的大颗大颗的汗珠奋力往上爬，瞬间把他们几个远远抛在了后面，率先登上了向往已久的锁情台。极目远眺，大好河山尽收眼底。不愧为江汉平原第一高峰，九真山九峰蝉联，蜿蜒起伏，势若浮龙。我们头顶白云，高台揽胜，心旷神怡。

锁情台

"锁情台上锁终生。"好友上来后，看到同心锁后发出了感叹。我们玩了许久，还进行了合影留念，才依依不舍地离开了锁情台。

下来后，经过楚望亭时我停住了脚步，楚望亭耸立于山间翠林，山下湖泊星罗棋布。站在楚望亭上，可以远眺山乡田园的秀丽美景。相传，俞伯牙本为楚国郢都人，后赴晋国为官。他归楚探亲时，曾登山于此眺望楚国河山。民间一直流传有"楚人不登楚望亭，枉在荆楚大地行"之说。

我们经过九真关，从下山步行通道走了下来，来到了连理湖，走上了九曲桥。湖面清流澄澈，波光粼粼，四周青山环抱，水碧林翠，鸟语花香。回眸桥、天人阁、合一廊与湖光山色相互映衬，一幅极美的山水画呈现在世人眼前。

连理湖

九真山有大片的蕨树林，繁茂昌盛，郁郁葱葱，每天释放大量的负氧离子，是人间绝好的天然氧吧。这里一年四季景色迷人，春来可踏青摘蕨菜，夏至可观荷摘西瓜，秋来可登高摘蜜橘，冬至可踏雪观雾凇。当夕阳斜照苍翠山林，秋叶遍地，映射出道道金光，让人陶醉于这秀美的山水间。

九真山内，可以小憩于森林浴场，或读书，或谈心，或养神，或怡情……

小贴士：

亮点：九真山位于蔡甸区九真山国家森林公园内，自然资源丰富，文化底蕴厚重，是知音文化的发源地。景区内植被繁茂，沟壑纵横，山泉潺潺，鸟语花香，四季景色迷人。

交通：地铁3号线到汉阳孟家铺下车，蔡甸方向乘266路公交至倒数第二站（蔡甸大街），转乘巴士（永安奓山侏儒的巴士）至九真山下车步行即到。

自驾游：沌口经济开发区—318国道—奓山—永安转盘（右拐蔡甸方向2公里）—九真山景区。

汉阳古琴台—汉阳大道—汉阳大街—玉贤镇—奓山中原村—九真山景区。

武汉九真山风景区官方电话：027-69303020。

营业时间：8：00—19：00。

购物：麦华超市、中百超市、玲利平价超店等。

饮食：三蒸野味店、美味思酒楼、高老大酒楼等。

特产：连理湖鱼圆、蔡甸莲藕、蔡甸豆丝、蔡甸藜蒿等。

6. 木兰草原，风吹草低见牛羊

景区：木兰草原风景区

地址：武汉市黄陂区王家河街

景区主题：草原

景区指数：★★★★★

推荐指数：★★★★★

一提到草原，或许你就会联想到北方大草原，那蓝蓝的天、白白的云，一望无际，远远看去仿佛和天边相连。但是你怎么也想不到，在湖北武汉也有一个可以媲美北方大草原的地方，那就是木兰草原。

木兰草原是华中唯一的 AAAAA 级蒙古族风情景区，有着阔大的草原、塞北的风情。花团锦簇，蓝天、流云、碧草，以及悠闲吃着青草的羊马群，美得如诗如画。草原上那种"天苍苍，野茫茫，风吹草低见牛羊"的美景，会让你暂离都市的车水马龙，亲近草原的清雅宁静。

去木兰草原，也是一次偶然。我的一个大学室友刚好来武汉出差，让我顺便陪他去看看草原。在来之前，他一直对木兰草原的景色十分向往。

一早，我们就叫了专车，和司机谈好了价钱就直奔木兰草原。当天，天公不作美，没有蓝天白云，阴沉沉的。就算这样，也阻挡不了我们的热情。

一下车，就看到木兰草原那标志性的浮雕门楼。门楼外形酷似牛角、粗绳、方木等，带有鲜明的草原特色，给人以气势磅礴、粗犷、厚重的感觉。进入景区大门后，眼前是一片绿茵的草地，让人心潮澎湃。

景区大门

"木兰草原,我来了……"我的室友情不自禁地喊了出来。

在入口的小山丘上,有一座木兰将军骑射雕像,此雕像已是木兰草原的象征,也是人们怀想木兰将军的寄托。远远望去,木兰将军一身戎装,扬鞭跃马,弯弓搭箭,胯下的骏马咆哮狂奔,似乎就要跃入敌阵。多少年过去了,木兰将军雕像巍然屹立在木兰草原上,任风吹雨打,依然是那么雄伟高大,让世人景仰。

我们沿着青草地上的石头小路来到了白鹭湖,蜿蜒曲折的湖岸上奇形怪状的石头镶嵌在其中,郁郁葱葱的花草,在风中摇曳着。白鹭湖上虽然没有看到白鹭,但有一群鸭子正在湖里悠然戏水,我们在进入草原这一刻,早就忘了都市的喧嚣。

我们穿过白鹭桥,来到了蒙古族部落。如果说草原是绿色的大海,蒙古包就是大海中的点点白帆。蒙古包作为草原上特有的建筑,既美观又实用。在游牧生活中,牧民都是随着水源、牧草不断迁移,所以蒙古包具有结构简单、便于拆卸组装等特点,这也充分反映了游牧民族的聪明才智。能在木兰草原亲眼见到蒙古包,我们心情很是惬意。

在离开蒙古包时,几个蒙古族的姑娘正在草原上翩翩起舞,随着草原的云朵飘动着。我们到达演艺大厅时,由于没有到规定的表演时间,我们就直接坐缆车去了公主湖。

　　途中，偶尔抬头看到天空中盘旋飞翔的老鹰，还有成群的马儿在草原上悠闲吃着青草。芳草遍地，绿茵如毯，碧水缠绕，恰似一幅巨大的画卷呈现在眼前。

木兰草原

　　绿油油的草地、潺潺的溪流，公主湖湖水碧透，水明如镜。宁静的湖面，倒映着岸边的花草，没有一丝波纹。公主湖的美，不仅在于静谧，更在于蕴含了千年沉淀的情愫。相传，西汉时期，有一位匈奴公主爱上了山野樵夫，为了反抗族人的百般阻挠，跳湖殉情，人们为了纪念公主，就把湖取名为"公主湖"。

　　公主湖上建有目前湖北省跨度最大的滑索项目，全长 598 米，滑索凌湖而设，既惊险又刺激，是新兴的娱乐项目。极速掠过水面那一刻，会让你刻骨铭心，终生难忘。

　　游完了公主湖，我们来到了草原敖包。一个个石堆，上面插着一根根柳木，柳木上画着五颜六色的面孔，形状多为圆锥体，高达数丈。从远处看，好似一座座尖塔，傲视苍穹。敖包在牧民的心目中，象征神在其位，世代传颂。清人祁韵士曾诗云：

　　"告虔祝庇雪和风，石畔施舍庙祀同。

塞远天空望无际，行人膜拜过残丛。"

草绿风清，风光旖旎。木兰草原除了这些观赏景点外，游玩的娱乐项目也很丰富，如滑索、水上自行车、湖面游船、滑草、山地赛车等。白天可以骑马在木兰草原上奔驰，夜晚可以参加篝火晚会，体验塞外风情。

天地相融，万物俯首。木兰草原那一碧千里的草原风光，悠扬的马头琴声，质朴高亢的蒙古族民歌，让人久久沉醉在草原的美景中。

小贴士：

亮点: 木兰草原是华中唯一的 AAAAA 级蒙古族风情景区，有着阔大的草原、塞北的风情。草原上那种"天苍苍，野茫茫，风吹草低见牛羊"的美景，会让你暂离都市的车水马龙，亲近草原的清雅宁静。

交通: 从武汉市内各方向乘坐公交，前往黄陂新客运站，在此搭乘木兰山旅游专线车即可。

专线车运营时间: 每天 8:00-15:30，30 分钟发车一班。

专线车运营线路: 集散中心（黄陂新客运站）—木兰草原

自驾游: 武麻高速: 武汉城区—黄陂东下高速—火塔线—景区。

武汉木兰草原旅游发展股份有限公司官方电话: 027-85851613。

营业时间: 8：00—19：00。

购物: 达惠超市、红十村农资农家店等。

饮食: 常青土菜馆、全羊楼、乡情川菜馆等。

特产: 烤全羊、手扒肉、牛肉干等。

7. 云雾山，层峦叠嶂映红天

景区：云雾山风景区

地址：湖北武汉市黄陂区李家集街泡桐店

景区主题：山峰

景区指数：★★★★★

推荐指数：★★★★★

一个周末的清晨，为了缓解工作的疲劳，我与一个要好的同事小涂一起来到了享有"西陵胜地、楚北名区、陂西陲障、汉地祖山"美誉的云雾山。云雾山是一处以山地为主的自然风景区，主峰海拔 709 米，属武汉市最高峰。

我们刚好搭载一个老乡的车子去的云雾山，在途中听老乡说，阳春三月，云雾山杜鹃花开，我们正好可以去观赏，听后，我们一阵兴奋。

老乡把我们送到"云雾山郊野公园"的大门牌楼下就离开了，我们从景区入口处缓步走进去。清晨的云雾山，似乎被一层轻薄的白纱所笼罩，寂静而又安详。

我们途经后花园时，看到有成群的鹭鸟不时在湖面盘旋，一会儿又没入丛林中。巴山湖水雾缭绕，山道略显潮湿，雨露沾在花瓣上旖旎多姿。山道边上许多不知名的大树和山间野花，让我们闻到了初春的气息。一股回归自然的渴望和对云雾山美景的喜爱，轻轻触动着我的心，让我如痴如醉……

第一站，我们首先到达的是跪子石。关于跪子石，素有"曲跪得子"的传说。相传，只要虔诚地跪在这块石头前祷告，许下自己的求子愿望，跪子石就一定会赐予其多子多福的好运。

我们穿过"跪子石",沿着花径前行,看到对面红白相间的杜鹃,红似云霞美如画。路边复苏的茅草,初露绿芽的灌木,令人目不暇接。杜鹃花,又名映山红、满山红、山踯躅、红踯躅、山石榴等,为世界著名的观赏植物。走近杜鹃花,几棵隐隐约约含苞欲放的杜鹃仙子似乎在向世人展现她们充满诗情画意的生命轮回。

白居易曾多次写诗赞美杜鹃,其中最著名的就是称赞杜鹃为"花中西施"。诗云:

"闲折两枝持在手,细看不是人间有。

花中此物是西施,芙蓉芍药皆嫫母。"

穿过花径我们到达泥人王村。泥人王村为泡桐王氏祖屋,面积 1000 多平方米。全村现有农家十余户,住宅非常古朴。泥人王村最大特色是以泡桐泥塑闻名全国。武汉黄陂泥塑文化源远流长,始于唐朝,兴于道光年间,是中国泥塑文化艺术的代表,素有"北有泥人张,南有泥人王"的美誉。

泥人王村做的泥塑人偶形态各异,活灵活现,十分逼真。闻名于世的汉阳归元寺五百罗汉就是出自黄陂王氏父子之手。传说,五百罗汉中第四百三十尊和第五百尊即为王氏父子面目的自塑像,父像一手擎日,子像一手托月。

离开泥人王村,经过思源观就是八里柳溪,溪谷全长约 4 千米,谷中飞瀑轰鸣,柳石密布。溪谷两岸峭壁,山石秀丽,槐柳遮天蔽日,林间溪水潺潺动人心弦。我们走进溪谷,近距离感受大自然的秀丽风光。闭上眼睛,感觉神思飘浮在云雾山的画卷中,聆听峡谷之声,幽婉深邃,韵味悠长,令人荡气回肠。一步一景的神奇体验使我们仿佛掉进一个童话森林里。

放眼望去,山中的树木葱郁,云雾袅袅,鸟儿鸣叫,翠色含烟。沿着溪流,进山的路弯曲而险峻。

走着走着,一条银帘从山顶降落,飞瀑直下,响声轰鸣,展现在游客的眼前。这是八里柳溪独有的思源瀑布。瀑布呈 S 形,终年不冻不减,四季流淌。瀑布连幽潭,幽潭连溪谷,青山白水交相辉映,犹如走在一个山水画廊中。

不知不觉中,我们来到了竹林寺。竹林寺坐落于云雾山西麓尖刀山下的幽谷之中。寺院依山就势，布局恢宏、殿宇峥嵘、亭阁耸立。寺周围奇竹环抱，相传这四季常青的矮竹原是观音身上的紫纱变成。寺前有三生桥，寓前世、今生、后世之意，桥下溪水潺潺，鱼乐水欢。寺后山体植被葱茏，一任蒿草、灌木及枫、柳、槐自由疯长。山色四季各不相同，春绿、夏红、秋黄、冬白，宜人山色四时交替，摄人心魄。

　　游玩到此处时，我与小涂都有些疲惫。为了尽快看到"一年一度，杜鹃花盛开，漫山红遍，层林尽染，十里杜鹃，十里花海，十里画廊"的美景，我们直接坐上了景区内的游览车去了十里杜鹃花海。

　　游览车载着我们在山谷连续转了几个弯，凭窗远望，远处的杜鹃花海展现在眼前。我和小涂看着一望无际的杜鹃海洋心潮澎湃。红色海洋从山下一直伸展到白云巅峰。一股股沁人的花草馨香直入心田。

　　一下车，我们直奔花海。浩瀚的花海和缥缈白云，吸引了许多游客与杜鹃花留影。娇嫩艳红的花枝向外舒展，一切是那么自然而多姿。

杜鹃花海

　　"真是太美了……"这是我在花海中听到游客赞叹最多的一句话。漫山遍野的花海，映红了整片天空。云霞间，红白相间的杜鹃山林交相辉映，仿佛整个世界都沉浸在红色的海洋中。

"十里花山，八里柳溪"，云雾山以其重峦叠嶂、气势雄伟闻名江汉。景区中险峰幽谷，泉涧相间，滩潭点缀，风光宜人，空气清新。集峰、谷、涧、潭、堰、瀑、泉、溪、花、草、石、木、寺观、古寨和高大山体于一身，让你置身于大自然神奇的山水画卷中。

小贴士：

亮点：木兰云雾山，是邻近武汉最大的郊野公园，享有"西陵胜地、楚北名景、陂西隃障、汉地祖山"美誉。集峰、谷、涧、潭、堰、瀑、泉、溪、花、草、石、木、寺观、古寨和高大山体于一身，景观生态多样而丰富。

交通：从武汉市内各方向乘坐公交，前往黄陂新客运站，在此搭乘木兰山旅游专线车即可。

专线车运营时间：每天 8:00-15:30，30 分钟发车一班。

专线车运营线路：集散中心（黄陂新客运站）—木兰草原—木兰山—木兰天池—木兰云雾山—集散中心。

自驾游：从武黄高速、汉宜高速、京珠高速上武汉外环至黄陂木兰云雾山。

武汉云雾山生态旅游发展有限公司官方电话：400-9913-666 027-85793688。

营业时间：8：00—19：00。

购物：中百超市、旅游商店、云雾山茶庄等。

饮食：香味轩、杜鹃人家、祥云酒家等。

特产：米粑粑、鱼汁糊粉、烧梅等。

8. 东湖磨山，登高踏浪览群山

景区：武汉东湖风景区

地址：武汉市武昌沿湖大道 58 号

景区主题：山峰

景区指数：★★★★★

推荐指数：★★★★★

东湖湖山秀美，岸线曲折，港汊交错，碧波万顷，岛渚星罗，青山环绕。磨山景区是东湖风景名胜区的六个景区之一，居东湖中心，三面环水，六峰逶迤。

在大学期间，我与几个同学一起登上了素有"十里长湖，八里磨山"之称的磨山。磨山是我们首选要登的名山，在这里可以登高峰而望清涟，踏白浪以览群山，感受荆楚风光。

清晨，我们一早就乘坐 401 路公交车来到磨山景区。一进入东湖，清风凉爽，清澈的湖面上柳枝招展，视野开阔，让人心情很是愉悦。

一下车，我们就迫不及待地朝景区走去。从景区南门进入，沿着小道来到了杜鹃园，园内可见各种鲜花、亭台水榭，空气清新，风景宜人。虽然这次来错过了杜鹃花，但是还有一些其他花在开，红者如欲燃，粉者如霞，白者如玉，依然美如画卷。

杜鹃园留影

离开杜鹃园，我们拾级向磨山西峰顶上的朱碑亭前进。路过千帆亭，看见一老者一大早在这里晨练。继续攀登，看见台阶旁有一巨石写有"朱碑亭"三字，这三字为郭沫若手书，笔力雄健。

爬上去后，朱碑亭前是朱德铜像。铜像极目远眺，眼里只有这大好河山和东湖的湖光山色。朱碑亭建筑为二层，四角攒尖顶，绿瓦单檐，亭正面额上悬郭沫若题写的"朱碑亭"匾额。朱碑亭旁的兰草室，摆放着各种兰花。站在朱碑亭上，凭栏眺望，洲渚纵横，长堤蜿蜒，东湖胜景尽收眼底。

游完朱碑亭，我们沿着林荫小道走了下来，直奔楚城。离得还很远，我们就看到在山麓与湖畔的交界处，耸立着一道气势雄伟的古关隘。一个同学兴奋地指着城门说："看，前面就是'楚城'的城门。"

楚城是磨山标志性建筑，这个楚城门是对春秋战国时期楚国都城——郢都纪南城城门的复刻。城门由水门、陆门、城墙、望楼、箭楼和烽火台组成。城门有三个门洞，一大两小，一看到这三个门洞，我想起了晏子使楚的故事。

当年晏子代表齐国出使楚国，楚人欺负其身材矮小，让他从城门的小门进入。晏子说："如果我是出使狗国，那么我就从狗门入，现在我出使楚国，不应该从此门入。"楚人没办法，不能承认自己是狗国，只好敞开大门，迎接晏子。

城门上是用甲骨文写的"楚城"二字。进入城门后，前面就可以看到一条长长的古色古香的楚市，楚市是楚人文化交流、商品交换的场所。街市错落，黄墙黑瓦，红漆门柱，一派楚地风貌。

穿过楚市的过街楼，我们来到了整个楚城的精华——楚凤标跟前。这对巨型铜凤高 8.7 米，相对而立，尖嘴带钩，矫健异常，爪擒猛虎，振翅欲飞。凤是楚国人的图腾，被视为至真、至善、至美的象征。

楚凤标

在楚凤标身后的是楚天台，楚天台是整个楚城的主体建筑，体现了楚国建筑艺术的发达。远远望去，巍然屹立于磨山主峰的楚天台，俯视着东湖的万顷波涛。一路上，我们看到这么多有特色的景点，心潮澎湃。磨山简直就是一个浓缩的楚文化旅游地。

从湖畔风标到楚天台有 345 级台阶，层阶巨殿，高台矗立。为了尽快登上楚天台，我们完全顾不上疲惫就拾级直上。不一会儿，我们几人喘着粗气，一鼓作气，直接登上了顶台。站在顶台上，"极目楚天舒"，放眼眺望，湖光山色，碧波万顷，浩渺东湖的秀丽风景尽在眼前。

"真是太美了……"我的一个同学情不自禁地感叹道，另一个同学大吼了几声，粗犷的声音响彻了整个山峰。我们在此游玩了许久，才依依不舍地离开楚天台。下来后，我们来到了楚才园。

楚才园大门，是一座编钟式的门楼。石柱横梁上悬挂着两层各四口楚式巨钟，每钟正反两面各铸有同一个字，合起来是"惟楚有材"四字，格外醒目。当我们站在这座门楼下，古朴、庄严的气氛扑面而来。

步入楚才园，映入眼帘的是一组庞大的雕塑群。浮雕成片，圆雕林立，浓荫蔽日，青苔依依。楚才园内散布着一百多尊雕像，各种材质的雕像都有，几乎囊括了楚国的所有英才，让我们大开眼界。

我们一一观赏，感受着楚文化的博大精深。最后我一人走到了"卞和抱璞"雕像前，感触很深。雕像的卞和，一个人匍匐在地，头部向下，双手高擎一石，显得甚是无奈、悲凉。

游玩了楚才园，大家都觉得有些疲了。在一个同学的提议下，我们从楚才园出来后，直接坐上观光车去了刘备郊天坛。

刘备郊天坛留影

郊天坛的入口是一面仿汉四阿顶影壁，正面有汉隶碑刻的"刘备郊天坛"五个大字。我们来到此处时，刚好看到一个道士正在碑刻前打太极拳。从入口处远远望去，郊天坛耸立在茂密的丛林之中，在武圣庙的烟火下，显得很是神秘。

　　我们很快攀爬到了郊天坛。站在祭坛上，极目东湖，风光无限。郊天坛由文化平台、神道和祭坛三部分组成。文化平台正中安置着一个巨大的铸铁香炉，供敬天祈福之用。祭坛四周旌旗飘扬，当年刘备率文武百官隆重祭天的场景犹在眼前。

　　磨山秀丽的山水、珍奇的花木、浓郁的楚风和三国文化很是迷人，让人流连忘返。正如南宋诗人袁说友游武昌东湖时有诗云："一围烟浪六十里，几队寒鸦千百雏。野木迢迢遮去雁，渔舟点点映飞乌。"

　　磨山的美，伴着浓浓的楚风楚韵，一年四季风情万种。

小贴士：

　　亮点：磨山景区是东湖风景名胜区的六个景区之一，居东湖中心，三面环水，六峰逶迤。

　　交通：在武汉市内乘坐413路、401路、402路公交到鲁磨路磨山站下即可。

　　自驾游：武汉长江大桥—武珞路—卓刀泉—环湖路东向—磨山景区。

　　武汉长江二桥—徐东大街—梨园广场—环湖路—途经沙滩浴场—磨山景区。

　　磨山风景区管理处官方电话：027-87510179。

　　营业时间：8：00—19：00。

　　购物：旅游超市、利民超市、琦露超店等。

　　饮食：醉香隆农家菜东湖店、翠竹园农家菜、牧羊庄（东湖植物园店）等。

　　特产：武昌鱼、热干面、武昌豆皮、卷饼等。

第二章
十堰　相约山城，纵情于山水之间

　　十堰，一颗深山里的明珠，集江城与山城于一体，讲述着一座山与一座城的故事。水光山色，相约山城，使你纵情于山水之间。一座山城，荡漾着不尽的情愫，山与城在烟雨中宁静致远。

1. 武当山，天下第一仙山

景区：武当山风景区

地址：湖北省十堰市丹江口市武当路附近

景区主题：山峰

景区指数：★★★★★

推荐指数：★★★★★

武当山，这个闻名于世的"天下第一仙山"，我最早是在金庸小说《倚天屠龙记》里知道的。对于这座名山，在各种小说或武侠剧中，大家肯定都略有耳闻。虽然名声显赫，但百闻不如一见。

一次五一小长假，在妻子的提议下，我们一起去了武当山游玩。因为时间有限，在出发前，我就提前做足了功课，规划好了游玩路线。我们五一当天下午从武汉出发，乘火车来到了武当山，当天晚上在武当山脚下住宿，第二天一早就登山。

一早，天蒙蒙亮时，我与妻子就一起到了武当山的山门前。山门上方写有刚劲雄浑的"武当山"三个大字，檐椽上云纹雕刻，看上去庄严古朴，高大雄伟。到7点左右时，游客越聚越多。我们买好票后，就坐上了景区大巴上山，一路上山路十八弯，群山环绕，绿树成荫，风景十分秀丽。

第一站，我们来到了太子坡景区。到武当山，先登太子坡。明朝杨守礼曾诗曰：

"未入真仙境，先登太子坡。

白云笼殿宇，清磬出烟箩。

涧远万松响，山空一鸟过。

悠悠清兴极，击节坐筼莎。"

太子坡又名"复真观"。复真观背倚狮子山，右有天池飞瀑，左接十八盘栈道，远眺似出水芙蓉，近看犹如富丽城池。太子坡景区由回龙观、磨针井、老君堂、八仙观等景点组成，其古建筑群基本上是按照真武修炼的故事来精心设计和建造的。

太岳武当留影

我与妻子沿着石阶穿过门廊，途经九曲黄河墙。九曲黄河墙的墙体浑圆平整，弧线流畅洒脱。跨入二道山门，映入眼帘的是一个宽敞、别致的庭院。我们缓缓走进，只见小院重叠、幽静雅适。太子坡的整体布局，前有依岩而建的五云楼，中有皇经堂、藏经阁，后有高台之上的太子殿。楼阁之间左右参差，高低错落，协调而完美。

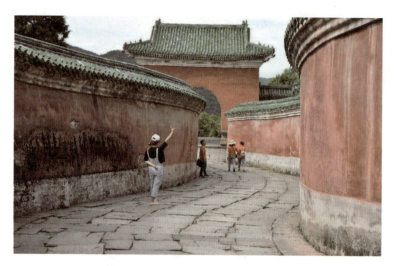

九曲黄河墙

　　我和妻子闲逛了一下后，特意去看了一下五云楼，因为五云楼是武当山现存最高的木构建筑。在五云楼入口左侧标志牌上写有"武当山灵、灵通天下"的宣传语。进入室内，一眼望见中间1根立柱与12根梁交错相连，很是恢宏、壮观。

　　游完太子坡，我与妻子乘大巴车来到了南岩景区。南岩，又名"紫霄岩"，因它朝向南方，故称作南岩。在南岩景区，我最想去的一个地方是南岩宫，据说那是真武大帝修炼30年得道成仙之地。

　　当我们到达乌鸦岭时，远远望去，伫立在悬崖绝壁之上的南岩宫状如垂天之翼，悬浮在半空之中，仿佛仙界幻境。虽然看着南岩宫近在咫尺，但到达却需要沿着山间绕行很久。我们沿着台阶往上爬，穿过玄帝殿院落，来到位于悬崖间的南岩石殿。石殿额书"天乙真庆宫"，是武当山现存最大的石殿。殿体坚固壮实，斗拱雄大。

　　进入殿内，映入眼帘的是殿内正脊桁上楷书阴刻"国泰民安""风调雨顺"。其内立有4根圆雕石柱，倚岩筑神龛，供奉着许多铜铸饰金神像，各高尺许，神态各异。最引人注目的是，殿旁木制精雕神龛内，盘着一条丈余长的金龙，张牙舞爪，附着一位粉面星眼、圆庞朱唇的少年和衣而卧，头枕金龙，神态自若，这就是著名的"太子卧龙床"。

相传，太子入山修炼时，夜间睡觉忘不了人间杂事，紫气元君便送给他一根龙头拐杖，嘱咐他睡觉时放在身边，以定心安神，后来太子成仙，拐杖便成了龙床。

我们穿过大殿，左边是两仪殿、龙头香等，右边通往梳妆台、飞身岩。我们直接穿过两仪殿，来到了"龙头香"的跟前。只见两仪殿外有龙头状石雕伸出悬崖外，龙头顶端有一香炉，俗称"龙头香"。它因悬空伸出约 3 米，如立悬崖绝壁，下临万丈深渊，令人叹为观止。

南岩宫上接碧霄，下临绝涧，不愧被世人称为"挂在悬崖上的故宫"。其自然景观与人文气息的巧妙融合，向世人展现了一道令人赞叹的天下奇观。

我与妻子游玩到此处时，已是中午 12 点左右了，我们休息了片刻，吃了一点随身携带的食物补充体力。在我的提议下，我们在南岩改坐缆车直奔金顶。坐上缆车时，妻子有些胆怯，不太敢往下看。其实，在缆车上欣赏风景是再好不过了。从缆车上往下看，山势陡峭，山石林立，游人如织，峰顶直插天际、云雾缭绕，仿佛人间仙境。

不一会儿，就到了武当山的最高峰金顶。武当山的主峰天柱峰，海拔有1612 米，素称"一柱擎天"。那座金碧辉煌的金殿就坐落在天柱峰之巅上。在武当山有句俗话："只有登上武当之巅，走进金殿，才算真正意义上到了武当山。"所以，一下缆车，我与妻子直奔金殿而去。

站在金殿前，看着门楼上写有"金殿"两字的殿堂，我心中感慨万千。

这座金殿是我国现存最大的古铜建筑物，俗称"金顶"。它面阔进深各三间，全部用铜铸鎏金构件组装而成，仿木构建筑，铆榫拼焊，密不透风，重檐叠脊，翼角飞举，殿脊装饰有仙人禽兽，造型生动逼真。金殿已历经500 余年风霜，至今仍金碧绚烂，宏丽如初，是我国古代建筑工艺和铸造工艺中的一件稀世珍宝。

走进殿内，殿中供奉着真武帝君，着袍衬铠，披发跣足，风姿魁伟。相传，这尊真武神像是按照朱棣的样子造的，因为民间流传有"真武神，永乐像"

的说法。左右侍立金童玉女，拘谨恭顺，素雅俊逸。水、火二将，擎旗捧剑，立列两厢，勇猛威严。

　　游完殿内，我们登上了金顶。远眺群峰环峙，沟壑纵横，重峦叠嶂，苍翠如屏，武当山的秀丽风光尽收眼底。妻子感叹："太美了。"在金顶，晨可观日出，晚可看云海，游人至此，如至仙境一般。可惜时间有限，看不了日出的美景了。

武当山金顶留影

　　"天上故宫，云外清都。"八百里武当山气势磅礴，雄浑壮丽。云雾缭绕的武当山，千百年来源远流长，香客如云，多少游人流连于这号称"天下第一仙山"的美景中。

　　美好的时光总是让人觉得短暂，武当山有七十二峰、二十四涧、十一洞、三潭、九泉、十池、九井、十石、九台等众多风景胜迹，而我们还没有游完。我与妻子不得不依依不舍地返程走下山去。

小贴士：

亮点："天上故宫，云外清都。"八百里武当山气势磅礴，雄浑壮丽。云雾缭绕的武当山，千百年来源远流长，香客如云。

交通：在十堰火车站东边广场坐城际公交 202 路，直达武当山景区。

从十堰火车站出来后到十堰汽车南站，坐中巴到武当山。

自驾游：武汉—东西湖上京珠高速北行—孝感转汉十高速西行—经随州襄樊—武当山出口。

十堰市武当山风景区管理处官方电话：0719-5668567。

营业时间：8：00—17：00。

购物：武当山超市、新合作购物广场武当山店等。

饮食：武当山太极会馆（特色餐厅）、陈氏铁锅居、武当山简朴寨酒店等。

特产：武当蜜橘、武当道茶、武当榔梅、武当猕猴桃等。

2. 五龙河，中国小九寨

景区：五龙河风景区

地址：湖北省十堰市郧西县安家乡五龙河景区

景区主题：峡谷

景区指数：★★★★★

推荐指数：★★★★★

在一个深秋的周末，我与几个同学约好来到了素有"江流天地外，山色有无中"美誉的郧西五龙河。五龙河虽然比起国内名山稍有逊色，但景区内神奇秀丽的自然景观绝对值得一游。

五龙河因峡谷而得势，因水而得名，潭潭相连，瀑瀑相叠，山奇水秀，峡谷通幽。其水清澈洁净，晶莹剔透，因拥有如四川九寨沟般的绮丽山水被游客誉为"中国小九寨"。

其实，我对五龙河的景色向往已久，但一直未能成行。这次我们从武汉出发，自驾六个多小时才到达郧西县。在郧西县住了一晚后，第二天一早就去了五龙河风景区。买票后，当地人建议我们从上游往下游玩，既省体力，又能很好地欣赏沿途的风景。

于是我们坐车来到了五龙河上游，一进上游大门，就感到一阵凉意。从这进来的第一个景点是忘忧谷，谷内有忘忧桥、老君洞、三叠瀑、蘑菇石、长生桥、龙须瀑、圆梦湖、仙人桥等景点。经过仙人桥，桥下的溪水在石间汩汩流动，清澈纯净。岸边的野花绽放，与仙人桥、水流相映成趣。

仙女桥

我们沿着林间小道走走停停，一路上山川美景应接不暇。我们边走边看，一会儿来到了龙须瀑前，水之清秀、泉之幽邃、瀑之婀娜，真是美极了。曾有诗赞曰：

"紫陌红尘未忘忧，五龙河谷洗烦愁。

奇峰秀水观不尽，神仙境内神仙游。"

我们继续往前走，来到了封神谷。封神谷内充满了传奇色彩，它因武王伐纣的典故而得名。谷深涧幽，水秀林碧，谷内全是栈道和各式各样的桥相连。我们到了麒麟崖景点处，狭窄的栈道九曲回肠，溪水绕荡，怪石嶙峋。

不知不觉中，我们经过彩虹桥来到了织女谷。织女谷因传说织女下凡在此沐浴得名。我们沿着河道走，沿途的水流湍急，清澈无比，河中有些地方水流落差很大，就形成了瀑布。河岸两边各种花染红了半边天，在和煦的秋阳照耀下，仿佛东晋大诗人陶渊明笔下记载的桃花源，与世隔绝，神秘美丽。

经过传说牛郎织女天上相会的鹊桥，我们来到了飞龙谷。飞龙谷因"五龙捧圣"而得名。飞龙谷内有天地玄黄石、伏牛石、金蟾戏水、水秀莲花等景观。当我们走到伏牛石时，只见小路边上有一块巨大的卧石，酷似老牛伏卧。相传，老牛原是天上青牛，因撮合牛郎织女而触犯天条，被贬至此。我们边走边欣赏沿途谷中的景色，只见飞龙谷重峦叠嶂，河谷迂徐，麻柳围滩，溪水清冽，展现给世人一幅生动的山水画。

从进景区到现在，我们已走了几个小时了，但看到眼前如此美景，疲惫感一扫而光，我们经过跑羊场来到了天梦湖。"山不在高，有仙则名；水不在深，有龙则灵。"绿波荡漾的湖水，倒映着漫山的秋叶。看着眼前灵动的湖水、幽深的峡谷、挺立的群山，我们的心情无比激动。曾有诗人盛赞此美景：

"天机门内悟天机，天梦湖上入天梦。

此景只应天上有，不想人间却生成。"

我们绕着天梦湖来到了九天飞瀑，还没到跟前，就听到哗啦啦的响声。九天飞瀑，真是美极了，一道20多米宽的水幕从天而降，白银般的水花倾泻而下，冲到了河道中，这是"飞流直下三千尺，疑似银河落九天"美景的再现。水幕下建有供行人观赏的桥廊，站在桥廊下时，那水汽、水雾会让你有种飘飘欲仙的感觉。

九天飞瀑

五龙河背倚苍茫千里的秦岭山脉，依山势而成。方圆百余里，高险幽深，气势磅礴，飞云荡雾，峡谷奇特，瀑布涧潭星罗棋布，可谓一步一景，一处一色。

一路游来，重峦叠嶂，溪流瀑飞，一山一水中似乎都蕴含着五龙河的美丽传说。

如诗如画的五龙河，让你有如在画中行走。

小贴士：

亮点：五龙河方圆百余里，高险幽深，气势磅礴，飞云荡雾，峡谷奇特，瀑布涧潭星罗棋布，像一串串五彩的珍珠，熠熠生辉，蔚为天下奇观。

交通：郧西县乘景区专线车或乘出租车前往五龙河风景区。

自驾游：武汉—汉蔡高速—京港澳高速—福银高速—郧西县—五龙河风景区。

十堰市郧西县五龙河风景区管理处官方电话：0719-6239988。

营业时间：8：00—19：00。

购物：武商量贩郧西购物广场、地宫商城、天河购物中心等。

饮食：御龙食府、姥家大锅台、农家柴火灶等。

特产：三官洞"黄金米"、马头羊、山斠葡萄酒等。

3. 野人谷，野人的世外桃源

景区：野人谷风景区

地址：湖北省十堰房县野人谷镇 209 国道旁

景区主题：湖光山色

景区指数：★★★★★

推荐指数：★★★★★

野人谷，真的有野人出没吗？

在中国凡提及野人，人们都会不约而同地想到神农架野人。其实，在我国最早发现野人的地方是野人谷镇。

据《房县地方志》记载，房县南山多"毛人"，就是传说中的"野人"。1974 年，桥上村村民殷洪发在山上采蘑菇与"野人"偶遇并发生搏斗，是世界上与"野人"搏斗第一人。2009 年，中国野人科考队在今野人谷镇挂牌成立，"野人"探秘正式纳入国家科学考察的范围。但截至目前，我国"野人"考查始终未见"野人"踪迹，只是采集了"野人"的脚印、粪便等。

房县野人谷与神农架紧邻，谷内气候湿润，植被茂盛，山高水深，重峦叠嶂，潭绿石奇，曲径通幽，风光优美，素有"人间仙境，世外桃源，野人故乡，植物王国"之称。谷中一条溪流贯穿始终，峡谷曲折悠长，又称"十里长峡"。

去野人谷，完全是好奇心使然。几年前，我与公司一位老总临时去出差，路过野人谷风景区时，在他的提议下就去了。

野人谷

　　我们在上谷口停好车后便向山里走去，公路是临山势而建，一边是茂密的山峦，一边是山间田园风光，站在公路上远眺，视野开阔，春光无限好。

　　进入峡谷，一条小溪映入眼帘。溪水晶莹剔透，一路上踏着沙粒，抚着卵石，叮叮咚咚。在寂静的山林间，似乎在弹奏一曲欢快的乐章，迎接八方而来的游客。

　　我们沿着栈道，继续往前走。栈道依溪水而建，一侧靠山，青山绿枝；一侧是溪水，飞流直下。当我们走到屈尊关，道路狭窄，极难走，要低头躬腰才能通过，通过后，感觉又是另一番天地。

　　穿过屈尊关，流水的声音一下子大起来，越往下走，水势越大，轰鸣声不绝于耳。走下来后，一侧瀑布飞泻而下，声势浩大如万马奔腾，又似山崩地裂，这就是野人谷最有名的瀑布——龙须瀑布。

　　龙须瀑布落差88米，宽17米，涨水时可达到28米宽，水流两股四叠，形成独特的多级瀑布景观。远远望去，瀑布像银河倾泻，闪耀着万缕光辉。其水珠四溅，如云漫雾绕，真可谓"有如兔走鹰隼落，骏马下注千丈坡。断弦离柱箭脱手，飞电过隙珠翻荷。四山眩转风掠耳，但见流沫生千涡"。

我们再往前走，到了野人府，原名"躲君洞"，这是野人谷中峭壁上的一个大溶洞。洞深300米，进口垒有巨石，出口是悬崖绝壁，洞内钟乳石林立，千奇百怪。

据说武则天当年废中宗李显为庐陵王，贬居房陵（即房县），薛刚在房陵举旗反唐，保驾李显。官兵围攻房陵，李显及家眷、宫室人员冒险进洞，躲避官兵，故名"躲君洞"。

在躲君洞另一洞口处，一条瀑布直崖飞泻而下。一挂白瀑，一汪碧潭，上飞瀑布，下流溪水，为野人谷渲染着一幅浓墨重彩的山水画，人在谷中走，犹在画中游。

我们走在游步道上，走过古朴的石阶、木栏，苍翠的古树，边走边欣赏着山间鸟鸣，呼吸着岸边花香。不知不觉走到了镇谷玉玺处。镇谷玉玺是峡谷中一块巨石，非常显眼，它在流水长年的冲刷下巍然屹立，稳如磐石。

我们顺着溪水的栈道向下走，看见一个"川字瀑"景点，三股水形成的瀑布，像极一个"川"字。四周林木苍翠茂密，水清谷幽，山峦秀美。如果是节日里来游玩，景区里还会安排人来假扮野人，当你走着走着，会突然冒出一个野人，一身毛发，张牙舞爪地向你扑来，吓得你大惊失色。

一路上一条小溪始终伴在我们左右，溪面上腾起的白雾透着微微清凉。涓涓细流，左冲右突，曲曲折折，一会漫过石块，一会跌进小坑，一路上逶迤多姿。我们走过谷中吊桥时，久久不愿离开。

野人谷山高林密，峰奇石秀，峡谷纵横，溪潭珠联，曲径通幽，景色宜人。春季时，山花烂漫，胜似世外桃源；夏季时，千瀑飞泻，绿树成荫，犹如人间仙境；秋季时，赤橙黄绿，硕果累累，美不胜收，如在画中游。山与水相间，峰与天相融，描绘着一幅美妙的画，谱写了一首动听的歌。

野人谷，感谢你让我遇见你的美。

小贴士：

亮点：野人谷山高林密，峰奇石秀，峡谷纵横，溪潭珠联，曲径通幽，景色宜人。春季时，山花烂漫，胜似世外桃源；夏季时，千瀑飞泻，绿树成荫，犹如人间仙境；秋季时，赤橙黄绿，硕果累累，美不胜收，如在画中游。

交通：十堰—十房高速—房县—野人谷风景区。

自驾游：武汉—汉蔡高速—京港澳高速—福银高速—麻安高速—呼北高速—野人谷风景区。

房县野人谷风景区管理处官方电话：0719-3611205。

营业时间：8：00—18：30。

购物：天天福超市（松柏店）、迎宾超市等。

饮食：春云农家乐、戚老幺饭庄、李二鲜鱼村（房县店）等。

特产：房县黑木耳、房县香菇、房县豆油精等。

4. 太极峡，藏在深闺的绝壁深谷

景区：太极峡风景区
地址：湖北省十堰市丹江口市石鼓镇境内
景区主题：峡谷
景区指数：★★★★★
推荐指数：★★★★★

"天下太极出武当，石鼓太极出丹江……"

这个有着"小庐山"之称的丹江太极峡，不仅拥有四川九寨沟般诗情画意的自然美景，而且拥有似庐山般绚丽壮观的自然景观。峡谷层峦叠嶂，山清水秀，草木葱茏，俨然一幅充满魅力的天然山水画卷。

我有幸登上太极峡是在一个月前，当时和一个女同事在丹江口市出差，办完事后顺便乘车去太极峡游玩了一番。

我们到达太极峡正门时，艳阳高照。首先映入眼帘的是壮观的正大门。门楼形似古时城墙门，正中写有"太极峡"三字，苍劲有力，字的下方有一幅太极八卦图。远远望去，在蓝天白云下，如立苍穹之中。

太极峡

进入景区大门，沿台阶而上，台阶两旁修有雕栏，中间是蟠龙石刻。在正门前方是白玉栏柱围成的一个大圆湖，与湖中一个S形的桥相连，呈现出一幅太极图。太极图与雕栏台阶、正大门相映成辉，显得庄严、雄伟、壮阔。

我与同事穿过正门，沿着景区道路，来到了九龙湖。一看到眼前澄清如玉、泛着粼粼碧波的湖水，我的同事一脸喜悦。蓝天碧水，群山倒映，山水相依，天地一色，如此美景，怎不叫人如痴如醉。

我们继续往前走，经过迎恩湖，来到了老子广场。老子广场是景区进出峡谷的枢纽地带，由游客接待中心、仿古商业街、朝拜台、太极文化柱、道教文化墙等组成。广场的后面就是峡谷入口，有一座由青石雕塑而成的"龙门"石牌坊，石坊雕刻着龙、凤、狮及各类神像，造型别致，古色古香。进了石牌坊，寓意为跳"龙门"，如鱼得水。进入后犹如另一番天地，天高地阔。

相传，当年孔子就是通过这里，在问道台拜见老子，得到中国文化的玄机大道，成为先知先觉的大圣人。

进了石牌坊，有一条栈道通往峡谷深处。我们顺着栈道台阶往上爬，一阵阵清新的香气扑鼻而来。游山玩水的同时，我们一路领略峡谷风情和道家文化。前行至问道台，一道潺潺流水从峡谷深处流了过来，似乎要流到天边去，看不见尽头。

我们继续朝着幽深、奇美的太极大峡谷深处走去，只见两山对立，峡谷幽深，曲径回环，浓荫蔽日。一会儿，我们就到了四象岩，只见一处陡峭的崖壁上雕刻着具有汉代风格的青龙、白虎、朱雀、玄武"四象图"，很是古朴。路旁设有石凳、石桌等，可供游人小憩。

看完了四象岩，我们来到了青龙泉。青龙泉称为"太极峡第一泉"，只见泉水从石缝中汩汩流出，清澈如玉，犹如银练。山间青翠孕育了这眼泉水，它吐纳着天真地秀，具有天地灵气，长年奔流不息，甘甜可口。

不知不觉中，已走进峡谷深处。寂静的峡谷，只听到谷中水流潺潺的声响。峡谷幽深，奇峰耸立，仿佛来到了世外桃源。越往里走，树林愈加茂密，郁郁葱葱，重峦叠嶂，群峰连绵，山壑纵横，景色迷人。

在一个栈道转弯处，出现了一个巨龙的头像，威严、勇猛，口里正喷出雪白的泉水。泉水池清澈见底，各种颜色的游鱼在池水中玩耍嬉戏。游玩到此处时，同事似乎有些疲惫，但为了尽快一睹那举世无双的天然太极图，她还是跟我一起顺着山间小道攀爬上了登龙阁。

在登上登龙阁的那一刻，我们彻底被眼前的景象所征服。"景色真是太美了，置身其中，有如漫游于画廊之中。"女同事不禁感叹道。尤其是俯瞰青龙山、黄龙山两条山脉环绕，好似双龙对峙，首尾相缠相偎的情景，俨然一幅天然"太极图"。置于万山群峰之中，让人无不惊叹大自然的造化神奇。

在太极峡，还有一个最为吸引人的景点，那就是玻璃吊桥。吊桥横跨青龙山、登龙山，长达 150 米，为鄂西第一座玻璃吊桥。站在桥上，高山、丛林之美尽收眼底，恍若人间仙境。行走在桥上，有如漫步天上人间，轻吻蓝天白云。我对太极峡的玻璃吊桥早有耳闻，可惜时间有限，不能去体验一番。

美好的时光永远是那么短暂，我与同事不得不从山峰顶上下来返程回去。

"山峦叠翠百花醉，雄奇灵透山水美。"在太极峡，所体验到的不仅是青山绿水的陶冶，更是洗涤心灵的精神享受。峡谷内绝壁高耸，怪石嶙峋，飞瀑流泉，一年四季景色宜人。春天，小溪潺潺，山花烂漫，幽香扑鼻；盛夏，飞瀑流泉，满谷清凉，古树苍翠；金秋，天高云淡，层林尽染，万山红遍；

冬天，银装素裹，美洁如玉，凛若冰霜。

丹江太极峡——您旅游的首选之地！

小贴士：

亮点：太极峡绝壁高耸，怪石嶙峋，飞瀑流泉，一年四季景色宜人。春天，小溪潺潺，山花烂漫，幽香扑鼻；盛夏，飞瀑流泉，满谷清凉，古树苍翠；金秋，天高云淡，层林尽染，万山红遍；冬天，银装素裹，美洁如玉，凛若冰霜。

交通：十堰—郧县（安阳镇）—丹江口习家店镇—石鼓镇太极峡景区。

自驾游：武汉—高速公路路口—京珠高速—孝感—汉十高速—土关垭高速—丹江口市—石鼓镇太极峡景区。

丹江太极峡风景区管理处官方电话：0719-5709888。

营业时间：8：00—17：30。

购物：双龙超市、老子购物广场、佳乐超店等。

饮食：九龙湖山庄、翠竹农家、如意山庄等。

特产：丹江口翘嘴鲌、金桩堰贡米、武当酒等。

5. 九龙瀑，瀑布群似九龙腾飞

景区：九龙瀑风景区

地址：湖北省十堰市郧县南化塘镇青岩村

景区主题：瀑布

景区指数：★★★★★

推荐指数：★★★★★

走进九龙瀑大峡谷是在今年五月初，当时是被几个网友约去的，不看不知道，一看吓一跳。没想到在十堰郧县方圆十几公里人迹罕至的地方，居然还藏着这么个十分美丽的地方，那感觉真是"山重水复疑无路，柳暗花明又一村"，仿佛一下子进入了人间仙境。

我们一路上经过乡村田垄、山峦、沟壑，沿途欣赏着山间的自然风光。驱车 3 小时后，在中午 11 点到达了九龙瀑景区。一进入景区，映入眼帘的是一个高大的拦河坝，坝顶有 9 个形态各异、生动逼真的巨龙头，个个张开龙口，有气吞山河之势。这就是九龙瀑景区的第一个著名景点——九龙瀑布。

九龙瀑布

　　九龙瀑布的九龙分叠倾泻而下，一龙一叠一柱一潭，气势雄壮，曲折多姿。倘在大雨之后，奔腾咆哮，声如雷鸣，丹岩之上，宛如9条白龙从天而降，景色十分壮观。从坝顶9个龙头喷出的巨大水柱，冲击着潭池激起了无数银白的浪花。一些游客不顾身上淋湿，在潭池边上玩耍、嬉戏。

　　我们拾级而上，来到了九龙湖。平静的湖水，清澈、碧绿，犹如一面镜子。山峦倒映，山水合一，像一幅美丽的山水画。湖岸边停有几艘船只，湖中有游客正在泛舟。远远望去，此时此景，让我瞬间想起了李白的诗句："两岸猿声啼不住，轻舟已过万重山。"

　　在友人的提醒下，我们穿过一个刻有"火车站"的小山洞，来到了九龙瀑的火车站。我们乘坐了这辆全球唯一建在悬崖上的观光火车，既好奇又刺激。司机驾驶着小火车沿着窄窄的铁轨缓缓前行，遥望车窗外，一边是伸手即可触摸的悬崖峭壁，一边是碧水深渊。四周郁郁葱葱的山色与波光粼粼的九龙湖交相辉映，构成一幅美丽的峡谷风光。

　　在龙宫站下车后，我们怀着一颗虔诚的心去了龙宫。去龙宫时，经过一个吊桥，一个友人在吊桥上故意使劲晃动，引得一群游客大叫。爬上垂直龙梯，迈进了天然龙宫，龙宫依山而建，位临悬崖，宫内有龙王神像、真武大帝神像、财神像、娘娘神像，还有月老和太岁。

相传，龙王带领九子出门巡游，途经此地，发现山清水秀又有天然溶洞倒映于碧湖而耸立于陡峭岩壁之上，真乃福地洞天，是个修行的好地方，随即停留下来修炼。但龙九子耐不住寂寞，贪恋峡谷美景，天天跑到峡谷戏水玩耍，不学无术。一日龙王大怒，一声惊雷把在峡谷飞瀑中玩耍的龙子叫到身边，责问："不学无术，将来怎么能保佑天下风调雨顺，百姓丰衣足食？"于是即日起，严教九子习练武艺，上山入地，翻江倒海，呼风唤雨，植黍养民。

离开龙宫后，我们几人一起坐电瓶车上山，不一会儿，我们就到了九龙瀑的第一个瀑布——睚眦瀑。沿线还有其他8个景点瀑布，分别为囚牛、嘲风、狻猊、螭吻、麒麟、饕餮、狴犴、蚣蝮共同组成了九龙瀑布群，犹似九龙腾飞，一步一瀑，潭瀑相映。

我们沿着山间小路拾级而上，欣赏着这9个景观瀑布。九龙瀑布群或峡谷、或绝壁、或飞瀑、或深涧，相映生辉。一瀑一景，九龙咆哮，飞空入地，在峡谷中撞击出天籁之音，荡气回肠，彰显了大自然的鬼斧神工。身临其境，心旷神怡，有一种飘飘欲仙的错觉。

行走在九龙瀑景区中，会让人暂时忘记生活的烦恼和城市喧嚣。景区内空气清新，山清水秀，苔绿景美，水质一流，一年四季景色迷人。阳春时分，山花烂漫，瀑布宛如珍珠幕帘；盛夏雨季，满目苍翠，瀑布犹如巨龙游走；金秋时分，红叶满山，瀑布清幽宜人；寒冬降雪，银装素裹，冰瀑垂悬，晶莹剔透。九龙瀑因此被游客誉为"楚天第一瀑"。

九龙瀑景区还有一些集惊险性、趣味性、舒适性、观光性于一体的娱乐项目，如飞龙滑索、侏罗纪梦幻体验漂流等，让你在感受惊险刺激的同时享受大自然带来的轻松快乐。美好的时光总是那么短暂，我们不得不依依不舍地返程回去。

小贴士：

亮点：九龙瀑布群或峡谷、或绝壁、或飞瀑、或深涧，相映生辉。一瀑一景，九龙咆哮，飞空入地，在峡谷中撞击出天籁之音，荡气回肠，彰显了大自然的鬼斧神工。

交通：十堰市区—郧阳区—杨溪—南化塘镇—九龙瀑景区（南门）

乘车路线：三堰客运站（郧县客运站）—南化塘镇（可联系景区车免费接送）

自驾游：十堰市区—郧十一级路（二桥头右转）—郧阳南站入口—白桑关站出口—南化塘镇—九龙瀑景区（南门）。

湖北九龙瀑大峡谷风景区管理处官方电话：0719-7108999。

营业时间：8：00—17：00。

购物：九龙瀑景区超市、百姓平价超市、新合作超市（大柳店）等。

饮食：大柳仙缘阁农家乐、南化天沐农家乐、好口福农家乐等。

特产：郧阳乌鸡、郧阳黑猪、郧县柑橘、老黄酒等。

6. 龙潭河，最美山水画廊

景区：龙潭河风景区
地址：湖北省郧西县羊尾镇龙潭河景区
景区主题：森林、瀑布
景区指数：★★★★★
推荐指数：★★★★★

一树香风，十里相续。

这个有着中国"小雁荡"之美称的龙潭河，当你身临其境时，就会被其山水所陶醉，被其瀑布奇观所震撼，为其钟乳怪石所惊叹。行走在龙潭河上，犹如在观赏一幅最美的山水画卷。

去龙潭河是在几年前，在一个金秋季节，我应一个十堰的朋友邀约去那里玩。那也是我第一次去十堰，龙潭河是我们游玩的第一个景区。至今还记得，在一个大雾弥漫的清晨，我和朋友及他的堂弟一起，盘旋经过十八弯的公路，踏进了龙潭河景区。

一到景区大门前，心情格外愉悦。抬头远望，龙潭河云雾缭绕，崇岭峻峭直入云端。进入山门，首先映入眼帘的是龙潭，潭水清澈，鱼儿欢悦，林木倒映下湖山一色。湖中还建有观赏桥，有青石、风车相伴，两边红旗招展，让人赏心悦目，许多游客在此驻足观赏。

龙潭河

我们沿着台阶而上，两旁竹木茂盛，一股股山间林木的香气扑鼻而来。一会儿，看见前方有一棵千年杏树，可能因年代久远，此时的杏树只剩下光秃秃的树枝。抚摸杏树，让人感慨万千，岁月如刀，刀刀催人老，在岁月的车轮下，剩下的也许只有凄凉。

沿着林荫小道，经过相思桥，我们来到了龙潭河第一个瀑布"天鹅戏水"。瀑布从两山间倾泻下来，泼洒飞流，撞击在岩石的棱角上，溅起朵朵美丽的玉花，远远望去，宛如一条白色玉带，美丽至极。

龙潭河的特色在于水，有水的地方就有瀑布。看完了"天鹅戏水"瀑布，我们继续往前走，来到了"锦云回环"。在还未到"锦云回环"瀑布前，很远就听到哗啦啦的流水声，回荡在整个山谷间。

"锦云回环"瀑布是从山的缝隙间流出，泛着雪白的浪花拐过重重弯道。一眼望去，犹如天上似绸似缎的锦云，在山间回环盘旋。曾有游客赞美诗云：

"锦云回环飞瀑间，碧汉倒悬下山川。

峪谷嵌满五彩石，雾托松竹上蓝天。"

一路上，我们还欣赏了"龙潭泻月""三叠瀑""苍龙吐箭"等瀑布。龙潭河的瀑布多姿多彩，各领风骚。瀑布或从茅草丛中倾泻而下，落在了像月亮一样的圆形潭中，犹如"龙潭泻月"；或从三道呈阶梯状的基石上顺势而下，犹如几面镜子立在这里，映照着龙潭河美丽的大自然景观；或从山间流出状如利箭，冲击而下，形成了"苍龙吐箭"奇观。龙潭河真可谓一步一景，一处一瀑，层层瀑布，道道造化绝伦。

"苍龙吐箭"瀑布右边的洞，称之为"龙子洞"，相传是金毛狮王和银毛狮王同犯了天条与龙太子大战的战场。离开龙子洞，拐过几道不起眼的山路，眼前豁然开朗，一个硕大的溶洞出现在面前，这个溶洞就是龙潭河最为著名的景点——"龙宫"，相传当年西海老龙王就居住在这里。

走进龙宫，怪石奇形异状，地面坑洼凹凸不平，在四周一片漆黑中，一束瀑布从龙宫顶部飞泻而下，好似给龙宫点上了一盏日光灯。此灯长年奔流不息，给龙宫带去光明。抬头仰望，两山相夹，只留一线，故称为"天光一线"。

出了龙宫，继续往山上走。山地里桃树果实丰硕，竹林茂密。爬过水秀石台阶，眼前又现一瀑布，银白的水帘玉珠冲击在岩石上，弹奏着山间生命的交响曲。如此诗情画意的美景，难怪当年华山陈楠老祖游到此地时赞叹不已："贫道游龙潭步入深山间，举目抬头望银河泻九天。"

我们沿着台阶，爬上了横跨在两山之间的鹊桥，这鹊桥相传是牛郎织女相会的地方。站在鹊桥上，观赏着四周的景色，很是惬意。一些游客站在此桥上，久久不愿离开。

龙潭河给人太多的惊喜，一路上又看到了几处瀑布奇观，如织女瀑、孔雀瀑、羞女瀑等。看了这几处瀑布后，感叹大自然之造化。龙潭河的瀑布借天地之灵气，飞流直下击打石壁，溅起水珠弥漫谷中，使这里雾气缭绕，仿佛仙境。

最后，我们来到了双龙瀑前，看到了独领国内、享誉海内外的"天下第一龙字"，这汉字"龙"摩崖石刻在海拔约 900 米的山崖上，长 123 米，宽 38.9 米，一眼望去，很是恢宏、壮观。"龙"字刻画栩栩如生，似真龙一样，欲冲出山崖、腾飞天际。

"龙潭河，真是太美了……"我不禁感叹道。青山绿水，山灵水秀，水澈潭幽，瀑高林茂，流水潺潺。景区内的山、石、岩、沟、洞和树、藤、花、草、果、竹以及人文景观的古建筑群等，一笔一画勾勒出一幅美丽动人的山水画卷。

小贴士：

亮点：龙潭河景区青山绿水，空气清新，山灵水秀，水澈潭幽，瀑高林茂，流水潺潺。景区内的山、石、岩、沟、洞和树、藤、花、草、果、竹以及人文景观的古建筑群等，一笔一画勾勒出一幅美丽动人的山水画卷。

交通：三堰客运站乘郧西低速车，在将军河桥头下再坐羊尾镇方向的面包车到龙潭河风景区。

自驾游：武汉—汉蔡高速—京港澳高速—福银高速—郧西县—龙潭河风景区。

十堰市郧西县龙潭河风景区管理处官方电话：0719-6316888。

营业时间：8：00—17：30。

购物：大众购物超市、新合作超市、京华超市等。

饮食：望江酒楼、火宴山酒店、幸福小镇酒楼等。

特产：郧西核桃油、郧西马头山羊肉、郧西山葡萄酒等。

第三章
襄阳　一江春水，赢得十里风光

　　襄阳，一座历史文化厚重的山水名城。城区依山傍水，凭山之峻，据江之险，借得一江春水，赢得十里风光，外揽山水之秀，内得人文之胜。当你漫步江边，掬一捧汉江水，浪花里溅出无数金戈铁马的故事。临江的一阵汉风，波涛里又藏着多少南船北马的辉煌。这座古城与山水的交融，历史与今天的贯通，把襄阳书写得荡气回肠。

1. 古隆中，诸葛亮"躬耕陇亩"

景区：古隆中风景区

地址：湖北省襄阳市城西 13 千米处隆中路 6 号

景区主题：故居

景区指数：★★★★★

推荐指数：★★★★★

初中时，我无意中看完了《三国演义》这本小说，深深地敬佩诸葛亮渊博的知识和算无遗策的智慧。后来得知如今的襄阳古隆中是诸葛亮曾隐居几十年"躬耕陇亩"的地方后，我就对古隆中这个神秘的地方充满了向往。

端午节放假时，我特地约了襄阳的同事一起去了古隆中，想一睹诸葛亮"躬耕陇亩"的田园风光，重温"刘玄德三顾草庐"的感人故事，倾听孔明未出茅庐先分天下的精彩"隆中对"。

一早，我们从武汉出发，坐了两个多小时火车，然后从火车站坐 512 路公交车直达古隆中。到达景区大门时已是中午时分。因为迫切想进入景区，完全忘了一路上的舟车劳顿。一进入景区，首先映入眼帘的是古隆中牌坊。牌坊庄重、古朴，上书"古隆中"三字苍劲有力，右边刻着"淡泊明志"，左边刻着"宁静致远"。这八字是诸葛亮一生的真实写照，深刻而又隽永，真切而又平淡。

古隆中牌坊

穿过牌坊，走在林荫小道上，园内山清水秀，风景宜人。经过两个池塘，眼前出现一方陇亩，这方陇亩被群山环绕，绿油油一片，风景十分秀美。环顾四周，青山、田亩、树木，恬淡、质朴而又惬意。

相传，这方陇亩就是诸葛亮隐居在此躬耕数十载的田亩。眼前的陇亩让人产生无限感慨，也让我想到了诸葛亮在《出师表》中所说："臣本布衣，躬耕于南阳……"一千多年过去了，如今已物是人非。

躬耕陇亩

73

　　景区在田亩旁边建立了小亭，中间立一石碑，上书"躬耕陇亩"。苍穹之下，也只能遥想当年的情景了。从"躬耕陇亩"往右走，便见一石桥，石桥古朴、坚固，横跨小溪之上。当年诸葛亮出入隆中必经此桥，在《三国演义》中曾多次提到小桥，有诗云："骑驴过小桥，独叹梅花瘦……"

　　过了小桥，便看到一个三层的小亭静静地矗立在小山岗上，亭前立有石碑，上书"抱膝处"三个大字。此亭建在树荫丛中，六角形，三檐三层，檐角高翘，造型挺秀端庄，亭内有木梯可登楼赏景，另有一番情趣。

　　在抱膝亭后面就是明朝嘉靖庚子年（1540）雕塑的大型龟座草庐碑，此碑正面书"草庐"，背面题"龙卧处"。碑高大雄伟，龟昂首负重，既古朴又富有生趣。诸葛亮在《出师表》中曾说："先帝不以臣卑鄙，猥自枉屈，三顾臣于草庐之中……"只可惜历尽千年沧桑，先生草庐早已不复存在……

三顾堂

　　我们继续沿着台阶而上，来到了"三顾堂"。三顾堂建于清康熙五十九年（1720），是刘备三顾茅庐、诸葛亮隆中对策的纪念堂。当年刘备求贤若渴，三次拜访隐居隆中的诸葛亮，终得孔明辅佐，建立蜀国，"三顾茅庐"这段故事也因此成为传世佳话。

　　走进三顾堂，堂外正中间立着一块"勤政篇"长匾，匾上写着"鞠躬尽瘁，死而后已"八个大字，这八个字是诸葛亮忠君爱国的真实写照。三国时期，诸葛亮为光复汉室、拯救天下苍生，先后辅佐刘备、刘禅父子，南征北战，戎马半生，为蜀汉政权的建立与发展立下了汗马功劳。

　　离开三顾堂，我们去了武侯祠。武侯祠始建于晋代，清朝重修。祠内庭院错落，淡雅幽静，里面有诸葛亮雕像，手拿羽扇，面带微笑；祠外古树参天、松柏滴翠。在门前，有一座观星台，七星北斗、十二星宿，雕刻得精妙绝伦。诸葛亮上通天文、下知地理，传说他当年常在观星台夜观天象以谋划未来。如今，在岁月的车轮下，只剩下空荡荡的武侯祠，唐代诗人岑参曾吟诗道："遗庙空萧然，英灵贯千岁。"

武侯祠

　　看了武侯祠，我们又来到了三义殿。三义殿内游客较多，殿上有三尊雕像，分别是刘备、关羽和张飞。侧堂墙壁上挂着刘关张三兄弟"桃园三结义"时的画像，画中三兄弟的表情、动作和眼神无不流露着豪放、喜悦、侠义之情，画像把当年三兄弟桃园三结义时的豪情壮志刻画得淋漓尽致。

　　最后，我们去了隆中山顶的腾龙阁。腾龙阁总共高 10 层，是隆中旅游必去的地方。腾龙阁底层是供游人休息和吃饭的，第三、五、七、九层是瞭望台，第二、四、六、八层则是介绍诸葛亮的。我们一口气直登九层，站在最高层上，视野开阔，心旷神怡。在此处俯瞰整个隆中，绵延的山峦起伏盘旋，势若蟠龙；山上茂林修竹，郁郁葱葱，望之巍然深秀；山下泉水、池塘、小溪水流潺潺，一幅亮丽的山水图跃然纸上。

"三顾频烦天下计，两朝开济老臣心。出师未捷身先死，长使英雄泪满襟。"诸葛亮以他的聪明才智和高风亮节赢得了世人的敬仰。忆往昔，峥嵘岁月；看今朝，无限春光。襄阳古隆中有着厚重的历史文化名迹，值得你来此一游！

小贴士：

亮点：襄阳古隆中绵延的山峦起伏盘旋，势若蟠龙；隔谷相望的大旗山，一头高昂，一头缓缓下垂，形如卧虎；山上茂林修竹，郁郁葱葱，望之巍然深秀；山下泉水、池塘、小溪水流潺潺。

交通：从火车站乘 512 旅游专线可以直接抵达襄阳古隆中风景区。

自驾游：武汉—汉蔡高速—京港澳高速—福银高速—麻安高速—襄阳古隆中风景区。

襄阳古隆中风景区管理处官方电话：0710-3591656。

营业时间：8：00—18：30。

购物：鼓楼商场、万达广场（襄阳店）、雅斯购物广场（襄城店）、沃尔玛（襄樊长虹路店）等。

饮食：舍得坊中西餐厅、桥头排骨（古隆店）、诸葛亮家乡菜馆等。

特产：襄阳大头菜、四井岗油桃、流水西瓜等。

2. 五道峡，浑然一体的天然画卷

景区：五道峡风景区

地址：湖北省保康县后坪镇五道峡风景区

景区主题：峡谷、瀑布

景区指数：★★★★★

推荐指数：★★★★★

醉人的风景总是远离尘世的喧嚣，隐世于高山峡谷中。

楚人老家五道峡，就是一个藏于深山的"世外桃源"。这里云雾缭绕，山奇水秀，溪流蜿蜒，跌宕起伏，是我去过的最为迷人、最有灵气的风景区。

最令人难忘的，是这里的山。

我有幸登上五道峡是在几年前。当时，我在同事家做客，临时起意，未做什么准备就匆匆去了那里。

一路上，车子飞驶在公路上，盘旋于崇山峻岭之中，可谓是翻山越岭，山路十八弯。远眺车窗外，山秀雅、水清冽，沿途深山环绕，满目翠绿，浑然天成，俨然一幅山水画卷。

一个多小时后，我们到达了景区。一下车，便见左前方石壁上刻着"五道峡"三个醒目的红色大字，苍劲有力。我们迫不及待地进入景区第一道峡——问玉峡。

问玉峡峡谷宽阔，翠山高耸，云雾缭绕。我们走过一座木拱桥，此桥飞架悬崖两岸。桥下几叠瀑布跌宕而下，飞花溅玉。有游客称赞："一桥接风雨，十里不同天。"

通过木拱桥，我们走在游步道上。游步道依山势而建在两侧的石壁上，向上是绝壁，向下是河流。穿过游步道，就到了探玉洞溶洞。据说卞和于此得和氏璧。进入洞内，洞内有千姿百态的石钟乳，高低错落的石笋、石柱。洞壁上挂有一条条装饰好的彩灯，看上去婀娜多姿。

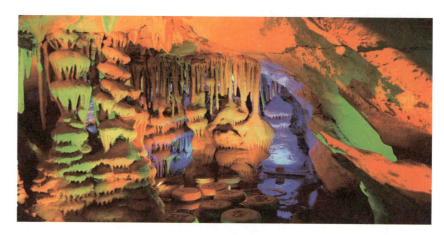

探玉洞

出了探玉洞，沿着蜿蜒曲折的栈道下行，头上是悬崖高山，林木茂密；脚下是深邃涧水，雾气弥漫。行至谷底，有瀑布从悬崖峭壁上腾空而出，飞泻而下，如蛟龙出海，似银练飞舞。那洁白的水帘，冲击着山石，声如雷鸣，震撼人心。许多游客齐聚这里，嬉戏打闹，任浪花飞溅，水雾满天。

溯流而上，不一会儿，到了第二道峡——悟玉峡。我们穿行于连绵青山夹峙的山谷间，两岸青山相峙，山峰耸立，两山间的一条溪水，清澈碧绿，长年奔流不息。水中怪石嶙峋，乱石嵯峨，苔藓斑驳，藤葛交错。潭水倒映着青山绿树，在蓝天白云下，仿佛人在天上走，云在水中游。

我们路过的厉王峰、武王峰，或直矗云霄，或峰峰相连，与溪水交相辉映，水天相接，如同浑然一体的天然画卷。

我们继续前行，来到了第三道峡——锁玉峡。一个"锁"字，平添了几分此峡的神秘与遐想。据一位同行的游客介绍说，这个"锁"字有两层含义，一是地理上的锁，三道峡谷中的文王峰，整座峰像一块巨石，不偏不倚地矗立在峡谷中间，刚好把峡谷牢牢锁住；二是心理上的锁，当年的卞和行走在五道峡时，对奇玉在什么位置将信将疑，但看到锁玉峡中奇峰耸立，有意在藏奇锁异，卞和才确认了玉的位置。

我们欣赏着锁玉峡的风景，相比一、二道峡，锁玉峡略微羞涩。没有一道峡的排山倒海之势，也没有二道峡的巍峨壮观，倒像一个藏在深闺中的姑娘。一路上，溪水潺潺，鲜花盛开，踏着卞和的足迹，人生好不惬意。

在三道峡中，最为吸引我的一处景点是慢玉瀑，这瀑布与众不同之处在于"慢"。它的流速，真的很慢很慢，水流洁白无瑕，恰如白玉一般。因为慢，才能让我们更好地欣赏这里的美丽；因为慢，才让这片峡谷充满了妙趣；因为慢，才等来了我们三生三世的约会。

不知不觉中，我们已进入了第四道峡——望玉峡。入此峡有一种"山重水复疑无路，柳暗花明又一村"的感觉。这里的山，越发俊秀；这里的水，越显清澈。道路越走越窄，越走越奇，渐入佳境，有一种飘飘欲仙的错觉。

越往前走，越接近峡谷的自然风光。幽深的峡谷，茂密的林木，溪边的岩层，会让你保持一颗淡泊宁静之心，远离世俗的烦扰，陶醉于这片山水之中。

最后，我们来到第五道峡——得玉峡。得玉峡堪称是五道峡中最美的一道峡谷，木红色的栈道，参天古树环绕，还有落玉瀑、冷玉潭等，瀑潭相映。远眺那峡谷尽头的冷玉潭，它凄神寒骨，悄怆幽邃，独自吟唱着通幽峡谷的清寂。

其实，最能体现五道峡灵秀的还是这里的水。在两峰相峙中，一条溪流穿山而过，贯穿整个景区。那山、那林、那水、那瀑，都会深深地给游客留下美好的记忆。

"石蕴玉而生辉，水怀珠而川媚"，这是游客对五道峡的赞誉。可以说，一道峡入境，二道峡入画，三道峡入味，四道峡入胜，五道峡入神！这里的一山一水一木一花，都给人以无限美好的遐想。

五道峡，是你旅游不错的选择！

小贴士：

亮点："石蕴玉而生辉，水怀珠而川媚"，这是游客对五道峡的赞誉。可以说，一道峡入境，二道峡入画，三道峡入味，四道峡入胜，五道峡入神！这里的一山一水一木一花，都给人以无限美好的遐想。

交通：十堰—老石（谷竹）高速—保康县寺坪镇—五道峡风景区。

自驾游：武汉—汉十高速—麻竹高速—保康县—五道峡风景区。

五道峡风景区管理处官方电话：0710-5103778。

营业时间：8：00—18：30。

购物：万达百货、华中光彩大市场、沃尔玛（襄樊长虹路店）等。

饮食：楚源山庄、鑫源酒家、山里人家、青龙山庄五道峡店等。

特产：楚翁泉酒、保康核桃、保康神豆腐等。

3. 白水寺，天子真龙飞白水

景区：白水寺风景区

地址：湖北省枣阳市吴店镇白水路 185 号

景区主题：森林、山脉

景区指数：★★★★★

推荐指数：★★★★★

"光武故里、龙飞白水。"

素有"古帝乡"之称的千年古刹白水寺，吸引着古今众多文人墨客慕名游览。唐朝大诗人李白《游南阳白水登石激作》，曾赞誉道："朝涉白水源，暂与人俗疏。岛屿佳景色，江天涵清虚。目送去海云，心闲游川鱼。长歌尽落日，乘月归田庐。"

白水寺是后人为纪念汉光武帝刘秀而建。刘秀发迹于此地，在云台二十八将的协助下，最终建立了东汉王朝，重兴了汉室江山。

游玩白水寺，犹如在读一部厚重的历史。

白水寺

那年夏天，天气异常的热，空气中都弥漫着热浪，我有幸去了白水寺。再热的太阳，也阻挡不了我们去白水寺的步伐。我的同学，跟我心情一样，为了一睹龙飞之瑞地，感受皇村之灵气，风雨无阻。

一路上，我们兴致高涨，欢声笑语。车子进入吴店境内，连绵起伏的群峰便隐隐在目。

没过多久，就到了白水寺风景区脚下。首先，映入我们眼帘的是一座宏伟壮观的汉阙石牌坊。石牌坊高 10.8 米，宽 18 米，十龙四柱三空的样式，上书"白水寺风景名胜区"八字如行云流水，字的下方镶嵌一大型龙形图案。

我们停好车后，进入白水文化广场。广场地域宽阔，广场正面就是宽大、恢宏的光武祠，登上光武祠要走 350 级台阶。远远望去，广场、台阶、光武祠与山脉显得非常雄伟、壮阔。

我的同学率先登上了台阶，我紧跟其后。台阶的平台上刻有各种图案，如"龙飞白水""光武中兴"等。我们一口气登上了汉光武帝祠，该祠依山势而建，矗立于山岗之巅。整个建筑群为宫廷式建筑，由光武大殿、二十八宿配殿、山门和倒座组成。殿堂古朴典雅，雕塑精美，寺内古木参天，环境幽静。

走入殿内，殿中塑有一尊端坐的刘秀雕像，两边是岑彭、马武的雕像。

殿内墙壁绘 6 幅彩色壁画，记述了刘秀一生中最辉煌的事件。南北配殿分别塑造的是跟随东汉开国皇帝刘秀南征北战的 28 位文臣武将（俗称二十八宿），整个建筑气势恢宏、金碧辉煌。

离开光武祠，我们沿着林荫山路西行。爬过台阶，登临狮子山顶，千年古刹白水寺顿现眼前。白水寺雄踞山巅，东眺白水库，西南依白云山和香龙山岗，北临滚河。门上方写有"白水寺"三字，字体古朴，苍劲有力。寺墙青石奠基，青砖板瓦，飞檐翘角。灰白的墙面上那斑驳的印记，记录了白水寺经历了千余年的雪雨风霜。门口的一对威武雄壮的石狮镇守在寺门前，在蓝天白云下，显得庄重、肃穆而又神秘。

进入寺内，殿廊错落有致，寺内庄重古朴，气度非凡。寺院坐北向南，分东西两厢三进院落。前殿为关公殿，中间为大雄宝殿，后殿为娘娘殿，东院为花园。我们一一对寺院的大雄宝殿、娘娘殿、兵器殿、刘秀殿进行了仔细观赏，各殿特色不一，或雄伟壮观，或清雅幽静，或刀光剑影，或庄严肃穆，整座建筑古朴典雅，令人耳目一新。

在刘秀殿前曲尺形回廊里，有很多书法家来此即兴挥毫泼墨留下的佳作，或苍劲，或古朴，或飘逸，或狂放，风格各异，形神俱佳。刚好与"龙飞白水"院中两块刻有"白水重光""青山钟秀"的巨大石碑形成鲜明对比，一今一古，更增添了白水名胜的风采。

我们还饶有兴趣地专门去看了千年古井——白水井。白水井在茂密的树荫底下，四周是精工雕刻的围栏，正前方刻有巨龙的牌坊，栩栩如生，如欲腾飞于天际。相传刘秀败归狮子山顶，人困马乏，舌干口渴，寻井饮水，水黑难饮，正值刘秀为难时，一条青龙脱井而飞，井水由黑变白，刘秀人马饮个痛快，故后人称白水井。我们站在山上，极目四望，感慨良多，如今物是人非，再也无法看到当年的景色。

在寺院观赏时，我们还看到一棵千年古树——黄连树。这棵千古老树，一直孤独地傲立于寺院之中，栉风沐雨，像一位千年不倒的老人，见证了白水寺的兴衰历程。在此树下，有不少游客争相拍照留念。

从白水寺下来后，我们去了白水碑廊。白水碑廊坐落于狮子山南坳龙脊上，群峦环绕，紧邻丽华园。相比于白水寺，白水碑廊属于另一大人文景观。

白水碑廊内现收藏有 486 幅书法碑刻，楷、行、草、隶、篆等各种书体应有尽有，风格迥异，争奇斗艳，异彩纷呈。这里集当代名家名流，汇古今骚人墨客之诗赋，真法、草情、隶意、篆韵，诗文书法，珠联璧合，使人流连忘返。如果你是一位书法、碑刻爱好者，那就一定要来这里参观欣赏。

观赏很快就结束了。但我和同学玩得意犹未尽，这次旅途不仅游山玩水，还重温了汉光武帝刘秀一生的事迹。我们只能说：白水一游，不虚此行！

小贴士：

亮点："光武故里、龙飞白水。"这个素有"古帝乡"之称的白水寺，吸引着古今众多文人墨客慕名游览。千年古刹白水寺是后人为纪念汉光武帝刘秀而建。刘秀发迹于此地，在云台二十八将的协助下，最终建立了东汉王朝，重兴了汉室江山。

交通：各地乘火车到枣阳站下车，转车向南 9 千米；乘汽车由汉十高速枣阳城区入口处向南 2 千米即到景区。

自驾游：武汉—汉蔡高速—京港澳高速—福银高速—白水寺风景区。

枣阳白水寺风景名胜区管理处官方电话：0710-6729639。

营业时间：8：00—18：30。

购物：万达百货、华中光彩大市场、沃尔玛（襄樊长虹路店）等。

饮食：红旗酒楼、滚河小酒楼、一品轩酒家等。

特产：枣阳梨、枣北黄牛肉、枣阳地封黄酒等。

4. 春秋寨，华夏第一寨

景区：春秋寨风景区

地址：湖北省襄阳市南漳县东巩镇陆坪村

景区主题：历史遗址

景区指数：★★★★★

推荐指数：★★★★★

前年深秋，我和几个朋友一起去拜谒了向往已久的春秋寨。

春秋寨，被誉为"中国最美古山寨"，早已闻名海内外。古山寨历史悠久，文化底蕴深厚。它成形于楚汉，繁荣完善于明清。春秋寨，又名陆坪寨、邓家寨，山寨海拔270米，是我国保存较为完整和集中的山寨。

山寨遗世独立，危崖高耸。相传，春秋五霸之楚国发迹于南漳，楚先人"辟在荆山，筚路蓝缕"，为抵御外敌侵略而修筑此寨。山寨筑在南北向的山脊之上，东、西、北三面临水，南面一道断崖，刀劈斧削一般，临空远眺，让人心惊胆战。

那天清晨，天气凉爽，我们几人驾车前往春秋寨，行驶了两个多小时，在山路几番盘旋后，就到了春秋寨大门口。春秋寨的大门，一眼望去像极楚城门，雄伟、壮观，门上方用篆体书写的"春秋寨"门匾显得气势磅礴。

春秋寨

进入景区，首先映入眼帘的是茅坪河。茅坪河绕春秋寨而行，如玉带般透迤数十公里。河谷碧波涟涟，缓缓穿流过两岸丛林倒影，水天一色，风光旖旎。

我们往景区里走，路边是一排红黄相间的旗帜迎风招展，看起来颇具古寨的威风。没过多久，我们就到了缆车乘坐点。在一个朋友的建议下，我们几人分成两厢，乘缆车上山。坐上缆车，缓缓启动的那一刻，我们既激动又胆战心惊。

随着缆车缓缓上行，地面的人、车、房子越来越小。99 辆缆车在千米索道上穿梭如织，在景区中形成了一道靓丽的风景线。往下看，春秋寨的景色也渐渐收入眼底，呈现在眼前的是满目秋色，层林尽染，底下的河水清幽恬静，山峦蜿蜒透迤。

到达望月山后，视野开阔，心旷神怡，我的一个朋友还兴奋得大吼了几声。我们沿着观光步道走，不一会来到了春秋楼。春秋楼依山而建，青砖板瓦，檐飞四角。楼前是整齐宽大的青石台阶，正对面台阶下摆有巨大的香炉，香炉中烟雾缥缈，香气缭绕，在蓝天白云下显得庄重、肃穆。

走进春秋楼，楼内主要供奉着关羽的塑像，庙宇外两侧供奉着南漳诸位历史名人。站在春秋楼内，浓厚的历史气息扑面而来。相传，春秋寨因关羽在此夜读《春秋》而得名。以前每年五月十三，这里都会举办庙会，远在远安、荆门的民众都会过来参与祭祀活动。

游完春秋楼，我们来到了望月山上的观景台。站在观景台上，春秋寨一览无遗，山川美景、田园风光犹如一幅美丽的山水画卷。

遥看对面的鲤鱼山，势如刀割斧劈。它三面临水，南面一道断崖，地势险峭，易守难攻。南北的笔架山与望月山刚好遥遥相对，与茅坪河构成绝妙的"两山夹一水"的八卦图案，很是壮观。

"真是太美了……"其中一个朋友赞叹道，一直感叹大自然的鬼斧神工。我们一起在观景台看了许久，才依依不舍地从望月山徒步下山。

下来后，我们在太极湖码头乘船上岸，然后登上了久违的古山寨。山寨依山而建，自南向北呈条形布局，寨墙周长 1150 米，南北长 490 米，东西宽 30.5 米，石砌房屋 158 间。设计巧妙，注重风水，"负阴抱阳""枕山面屏环水"。

我们首先通过北门，北门是春秋寨最重要的防御工事——北雕楼。雕楼三面临水，两面绝壁，一边为断崖，一边是温柔的江南水乡。城墙坚固厚实、坚不可摧，虽已历经千年风雨侵蚀和战火洗礼，如今却依然屹立于鲤鱼山上而不倒。站在山寨上，远眺 150 多间石屋依山就势建于山脊之上，鳞次栉比，蔚为壮观，宛如一段长城。

"水作青罗带，山如碧玉簪。"这是游客对春秋寨的赞誉。轻轻地走在山寨的青石台阶，裸露的断壁残垣似乎正在向世人诉说着岁月的沧桑。

游完春秋寨，犹如穿越了一次时空。青山绿水，山寨风情，让我们久久陶醉在迷人的风景中……

小贴士：

亮点：春秋寨，被誉为"中国最美古山寨"，早已闻名海内外。古山寨历史悠久，文化底蕴深厚。它成形于楚汉，繁荣完善于明清。春秋寨，又名陆坪寨、邓家寨，山寨海拔 270 米，是国内保存较为完整和集中的山寨。

交通：襄阳中心客运站坐车到南漳车站，再从南漳车站坐车到春秋寨景区。

自驾游：武汉—三环—福银高速—襄阳市区—南漳县城—春秋寨景区。

襄阳南漳春秋寨风景区管理处官方电话：0710-5515672。

营业时间：8：00—18：30。

购物：魏家超市、佳家超市、双坪超市等。

饮食：春秋寨效峰农家饭、山珍餐馆、东巩酒楼等。

特产：南漳黑木耳、南漳板栗、荆山枣子等。

第四章
黄石　田园风情，桃花流水鳜鱼肥

　　黄石，长江边一颗耀眼的明珠。她襟江怀湖，依山傍水，城在山中，水在城中，山环水绕，环境优美，素有"半城山色半城湖"之称。周边的乡村有如一幅生动的山水田园画卷，美中透露出一种质朴，一份柔情。

1. 西塞山，长江第一要塞

景区：西塞山风景区

地址：黄石大道 654 号附近

景区主题：山峰

景区指数：★★★★★

推荐指数：★★★★★

"西塞山前白鹭飞，桃花流水鳜鱼肥。青箬笠，绿蓑衣，斜风细雨不须归。"每每读到唐代诗人张志和《渔歌子》这首词，内心就对西塞山的风景很是向往。虽然很难寻觅到当年张志和看过的景色，但西塞山的风景依旧险峻秀丽。

西塞山坐落在黄石市东部，三面环江，素有"长江中下游门户"之称，其中一脉纤立山梁与千里楚山相接，为古樊楚三名山之一。

我有幸登上西塞山，是学校广播站组织的一次活动，当时包括站长在内一共七八人，乘坐公交车去了西塞山。一路上，大家欢声笑语，对西塞山的美景充满了期待。

一下车，我们就朝着景区方向走去。沿着苍翠林荫山路缓缓向上爬，山路虽然蜿蜒崎岖，但并不太陡，没过多久，我们就走到了写有"西塞山"的牌楼前。门楼立在半山腰中，两边是茂密的树林，背后是绵绵不绝的山脉，在云雾缭绕下，犹如入仙界之门。

西塞山

穿过牌楼，两边山色郁郁葱葱，阳光零星穿过寂静的树叶，幽深古奥，神韵悠然。透过树林间的缝隙，远远看见另一座山头沐浴在阳光中。我们朝着那边山头走去，头顶着参天古树，山下便是黄石市城区，一边是山间的宁静，一边是城市的喧嚣，两者之间形成了鲜明的对比。

一会儿，我们走到了一个古炮台上，上面一共有四门大炮，在这里游客一下子多了起来，大部分是在拍照留念，当然我们也不例外。站在炮台上，闻嗅这里炮火的气息，我也慢慢理解了西塞山作为"长江第一要塞"的重要性。

自东汉到新中国成立前夕，有一百多次较大规模的战役都发生在这里。从山形山势来看，西塞山壁立江心，横山锁水，危峰兀突，雄奇磅礴，是能攻能守的江上要塞。炮台一侧是滚滚长江，白浪滔天，气势恢宏，很是壮观。

我们在古炮台小憩片刻后，继续往前走，来到了一处制高点——北望亭。北望亭依山就势，建造在北峰山巅上，站在北望亭上，可俯视江涛奔腾东去，眺望江北散花洲和策湖的碧波万顷。此时，悠悠江水中，一叶扁舟点缀在碧波万顷之中，泛起了层层涟漪。

此时此景，让我想起了刘禹锡的《西塞山怀古》：

"王濬楼船下益州，金陵王气黯然收。

千寻铁锁沉江底，一片降幡出石头。

人世几回伤往事，山形依旧枕寒流。

今逢四海为家日，故垒萧萧芦荻秋。"

古往今来，西塞山一直是一些文人墨客关注的焦点，像李白、刘禹锡、韦应物、陆游、苏轼、黄庭坚等唐宋名家，都在此留下了佳句。

在北望亭观了很久景，我们还舍不得走。远望眼前的大好河山，几个女同学直呼真是太美了，直言等了"三生三世才遇见你"。因为还要去看桃花古洞，所以大家还是恋恋不舍地离开了。

我们一行人步行下来，走过一条陡立的山道，很窄，需身子紧贴着石壁，慢慢挪动着脚步。幸好旁边有护栏，可以勉强通过。一下来，映入眼帘的就是洞门刻的"桃花古洞"四个大字。

桃花古洞在西塞山北侧临江的陡壁间，高约 3 米，上圆下方，形如庙门，入内 2 米处被钟乳石封闭。洞下建有古钓鱼台，此时还有几位老者在悠闲地垂钓。钓鱼台一侧就是滔滔江水，站在钓鱼台上，你就可以俯瞰长江，亲近大自然。

在江边悬崖上，能看到有不少石刻，可能是岁月久远，有些字比较模糊。最为壮观的是镌刻在桃花洞左侧江崖壁上的"西塞山"三个大字，每字 1 米见方。在站长的提议下，我们在此崖壁上留下了此行最有纪念意义的一张合影。

我们从东边下来，到了龙窟寺。西塞山曾有"九庙一观"的说法，指其庙宇颇多，后因战事频繁，多为兵毁，龙窟寺是西塞山现存仅有的一座寺庙。龙窟寺外观有些破旧，但里面很干净整洁，四周林木围绕，在深山中显得空阔而寂静。暮色苍茫，一群鸟儿鸣叫着从寺庙飞过，划破了此时的宁静……

西塞山，有着险峻秀美的风景，历史和名人增添了它的神秘感。游玩在西塞山中，犹如人在画中游。去西塞山，你可以呼吸清新的空气，独享山间的寂静，远离城市的喧嚣。

西塞山，是你旅游的不错选择！

小贴士：

亮点：西塞山，有着险峻秀美的风景，历史和名人增添了它的神秘感。游玩在西塞山中，犹如人在画中游。去西塞山，你可呼吸清新的空气，独享山间的寂静，远离城市的喧嚣。

交通：可乘坐 4 路、10 路公交车到西塞山风景区。

自驾游：武汉—三环线—沪渝高速—西塞山风景区。

黄石市西塞山风景区管理处电话：0714-6402825。

营业时间：8：00—17：00。

购物：天天乐超市（飞云街店）、利群超市、中百仓储超市（信息巷）等。

饮食：美味餐馆、四川麻辣烫、罗氏佬俵特色汤馆等。

特产：河口螃蟹、黄石松花皮蛋、金柯辣椒、中国劲酒等。

2. 东方山，三楚第一山

景区：东方山景区
地址：湖北省黄石市下陆区东方山风景区
景区主题：森林
景区指数：★★★★★
推荐指数：★★★★★

　　东方山是我上学时去过印象最为深刻的名山，在一个周末的早晨，我们几个同学相约一起坐公交车去了那里。东方山景区坐落在湖北省黄石市下陆区境内，素有"三楚第一山"之美称。

三楚第一山

东方山历史悠久，佛教文化源远流长，这里有始建于唐宪宗元和六年（811）的弘化禅寺，虽已历经千载，但香火旺盛，高僧辈出。以弘化禅寺为中心的 22 座大小寺庙，散落于群山峰壑之间，构成了东方山独有的佛教文化特色。

一下车，我们几人就朝着景区的方向跑去。在半路上，远远看见上书"东方山"三个字的石牌坊。门楼造型别致，古色古香，青石基础，挑檐翘角。正前方有两个威严雄狮镇守门楼，高大、恢宏。

穿过门楼，我们继续往前走。到山脚下时，我们沿着崎岖不平的山路向上爬，虽然看起来不太陡，但走起来还是较为费劲。山中的林木茂密，且脚下的杂草较多。幸好是晴天，对我们此次旅行未造成任何影响。

一会儿，我们就爬到了半山腰的一个凉亭。虽然有点上气不接下气的，但一路上我们还是欢声笑语。一上来，视野开阔，心旷神怡。当我站在凉亭上，登高远眺，"一览众山小"的意境立马浮现眼前。山峦起伏，长江如带，竹林树海郁郁葱葱，风景十分秀丽。

在凉亭休息片刻后，我们继续向上攀爬。不久便到了景区的大门口，从这个大门口进入，才真正算是进入景区内了。大门是现代化的建筑，似乎少了些许神秘的气息。

大门上方书写的"东方山风景区"，让我想到了东方山名字的由来。相传，早在公元 100 年，汉武帝太宗大夫东方朔宦途失意，隐居东方山，与樵夫为伍，采药炼丹，布施于民，后人为了纪念他，就以他的姓氏将此山命名为东方山。

走进景区，有如另一番天地，公路两旁树木高大茂密，宁静通幽。在前方看到一个写有"东方欢乐谷"的游玩场所，但我们没有进去。我们继续往上走，来到了东方山三大主峰的峡谷中间，两边是仿古一条街，主要经营旅游商品和香纸爆竹。

我们拾级而上，走到一个亭子前，只见一块巨石安然立于亭中。一个同学介绍说，这就是东方山古八景之一的"月涌禅关"。这块巨石被称为"月涌石"，石形独特，历史悠久。相传，东方山的开山祖师智印禅师当初驻锡东方山时，曾在这里参禅打坐。在亭子中间立有一块石头，每逢望月之时，竹木间泻下月光，映在石头上如波浪翻滚，光摇影动，美不胜收。

月涌禅关

我们离开亭子，继续向上攀爬，一会儿就来到了名震鄂省的弘化禅寺的山门前。首先映入眼帘的是山门顶上书写了五个遒劲大字——"三楚第一山"的匾额。山门采用宫殿式琉璃瓦面牌楼建筑模式构建，分正楼、边楼上下两层，浑然一体，像是重檐庑殿。正楼前有 8 根红漆檐柱，柱前两侧有两头雄狮威严地镇守寺庙。在蓝天白云下，看上去很是恢宏壮观，给人一种庄重肃穆的感觉。

进入山门，便是石桥甬道，两旁则是白玉栏杆围成的放生池，池水清澈映人，池中假山石气质玲珑。放生池有着东方山古八景之一的"白莲频开"。据传，当年智印祖师与西域高僧于月夜漫步桥上时，见到月光洒在地面上，如朵朵白莲，顿有所悟，即向高僧化来千瓣白莲籽，亲手种下。这种莲花只在夜深人静之时，随着寺内的木鱼声一张一合频频开放，故曰"白莲频开"。

穿过小桥，拾级而上，我们就进入天王殿了。殿内有四大金刚，左为持国天王魔礼寿、增长天王魔礼青，右为广目天王魔礼红、多闻天王魔礼海，这四大天王寓意为"风调雨顺，国泰民安"。

继续往前走，就到了大雄宝殿。殿堂内供奉三尊大佛，中间是佛教创始人释迦牟尼，左边是阿弥陀佛，他是西方极乐世界的教主，右边是东方琉璃世界的教主，也称大医王佛。两边是五百罗汉，每个罗汉神态各异，栩栩如生，传说是释迦牟尼的五百弟子。

看完大雄宝殿后，我们来到了后殿。后殿是弘化禅寺的祖师塔殿，塔殿内放着智印祖师法身。善男信女喜欢来此许愿求签，据他们讲，东方山的祖师签特别灵验，这也是弘化禅寺香火经久不衰的原因之一。

最后，我们专门去竹林树海中观看了一棵千年银杏树。远远望去，它傲然挺立，虽历经千年风雨，仍枝繁叶茂，见证了寺院一千多年来的沧桑变化。游玩到这里，我们几个人还未尽兴，但美好的时光很是短暂，我们不得不徒步走下山去。

东方山，有如一颗璀璨明珠，上有风景秀丽的山峦，下有名震湖北的寺院。东方山中，一山一寺，一林一阁，一草一水，相互呼应，相映成辉。绵绵不绝的山脉，在蓝天白云下，云雾缭绕，如临仙境。

游览东方山，会让你久久陶醉于山水中……

小贴士：

亮点：东方山历史悠久，佛教文化源远流长，始建于唐宪宗元和六年的弘化禅寺，虽已历经千载，但香火旺盛，高僧辈出。以弘化禅寺为中心的22座大小寺庙，散落于群山峰壑之间，构成了东方山独有的佛教文化特色。

交通：在黄石，可乘11路、6路、29路公交车到东方山站下即到东方山风景区。

自驾游：武汉—武黄高速—黄石西—铁山—东方山风景区。

黄石市东方山风景区管理处电话：0714-6388177。

营业时间：8：00—17：00。

购物：康乐平价、好客隆超市（铁山分店）、中百超市等。

饮食：爱宇山庄、简朴寨（下陆旗舰店）、三五轩（下陆店）等。

特产：葱香千层肉饼、袖珍麻花、老罗家肉夹馍等。

3. 小雷山，一幅秀丽的风景画

景区：小雷山风景区

地址：湖北省黄石市大冶市陈贵镇

景区主题：湖光山色

景区指数：★★★★★

推荐指数：★★★★★

小雷山是离我老家最近的一个风景区了，总路程不过才十多公里。虽然在全国的名气不大，但小雷山里的青山绿水值得你去看看。

在一次春节时，我们一家六口人开车来到了小雷山游玩。积雪早已融化，万物逐渐复苏。当我们到达小雷山山脚下时，远远望去，绵绵的山峰、郁郁苍苍的树木，像是一幅动人心弦的长长画卷。

我们从景区南门进入小雷山，映入眼帘的是龙凤池。龙凤池依山而建，被群山围绕，湖水清澈见底，宛如明镜一般。微风吹过，湖水掀起层层鳞浪，如临画境。关于龙凤池还有一段不为人知的传说：相传很久以前，山下有一对青年男女，男的叫於龙，女的叫吕凤，当年门当户对，青梅竹马，两小无猜。后来男方的家庭破落，女方父母要求退婚。於龙、吕凤两人山盟海誓，永不变心，冲破重重阻力，两人常常在雷山幽会。后被女方家丁发现，在走投无路的情况下，男的触石而亡，女的跳崖而死，这对痴情男女，生不能做连理枝，死也要做比翼鸟，当地山民无不为之流泪叹息。后人为了纪念这对痴情的男女，便把他们生前经常幽会的这个池子称为"龙凤池"。

穿过一条长长的竹廊，绕过龙凤池，沿着百步台阶来到观音堂。观音堂殿宇恢宏，巍峨庄严，里面供奉着观音佛像，众多游客在这里烧香拜佛，祈求平安富贵。

离开观音堂，沿青石板小路一直前行，两边树木郁郁苍苍，小路曲曲折折，空气清新，不禁感叹"空幽山林花自落，绿意盎然无人知……"

一会儿到了观景台，登台远眺，心旷神怡，满山苍翠，一水碧波，芳草茵茵，犹如仙境一样，十分令人陶醉。难怪明朝进士袁宏道当年赞美雷山："更好大雷山，山高立亦环。峰峰雪点缀，曲曲小苍寒。却是曾经眼，王维画中看。"

踏着青石台阶，我们继续向山顶攀登，山顶较高，我们爬得气喘吁吁。虽然累，但看着眼前的风景，漫山遍野的楠竹，山间的溪流，秀丽清雅，其乐无穷，疲惫感瞬间一扫而光。

一到山顶，小侄女很是活跃，看到一名管理人员牵着一匹马，就吵着要去骑马拍照。在山顶有很多游乐项目，有滑索、太空飞车、碰碰车、水上滚球、古炮、蹦极、蹦床、骑马、小过山车、小挖掘机等孩子们喜欢玩的。特别是高空滑索，既惊险又刺激，让你1分钟就可下山。

拍完照，我们接着往上爬。正前方有一个巨大的牌坊，上书"古训堂"三个字，古训堂前有九龙柱环绕，天池倒映。远远望去，九龙柱耸立在崇山峻岭云雾中，如仙山之门。古训堂内建三座大殿，孔子殿、周公殿、舜帝殿，三大殿依山势而建，在蓝天白云的映衬下，气势非凡。殿周有青松翠柏掩映，殿宇之间有百步云梯相连，云雾环绕其为壮观。殿两侧有长廊直达雷峰塔，长廊墙壁上彩绘岳飞、张之洞、詹天佑等历代人物的诗作和生平，巡廊入殿可感受历代人物的启迪。

小雷山

穿过长廊，一路领略文人气息，饱览四野风光。爬过一级又一级的台阶，来到了小雷山最高处的雷峰塔前。一上来，小侄女就惊呼："哇，景色太美了……"

眼前的雷峰塔像一个巨人一样耸立在雷山的顶峰。我们迫不及待地一口气爬上了雷峰塔顶。雷峰塔的楼梯虽然不陡，但每上一步都会让你心一颤。站在雷峰塔顶，小雷山全景尽收眼底，山、水、林、楼阁完美地融为一体，像一幅秀丽的风景画。

小雷山全景

我们从雷峰塔上下来，直接去了石松。因为小雷山最为称绝的景色之一就是石景。小雷山，以神奇的石景而闻名遐迩，大自然的鬼斧神工，把它雕塑得千姿百态，别具神韵。

石松是生长在石壁上的一棵松树，据省林业专家考证，这棵古松至少有600年的树龄了。一直生长在石壁之中，在如此险恶的境地，竟能在风雨中坚守 600 年，如此顽强的生命，让人敬佩。

相传石松是天宫瑶台的一粒松子坠入人间，落在这石壁上生长而成，历经数百年的风霜雨雪，仍苍劲不老。

看完石松，又去看了石棺。石棺停在山一侧的岩前，紧靠石棺还有个泉眼，泉水涌出，沿着石阶一侧形成小溪。据当地人讲，他们那边并没有"石棺葬"的习俗。相传这口石棺材，是乾隆年间翰林院编修的，当年兵科给事中柯瑾曾游过小雷山，留下《咏石棺材》诗，其中"雪飘霜打山山孝，雨过风摇树树哀"的诗句，至今还广为流传。

除了石松、石棺外，还有石城、石屋、石床、石浪、石狮、石笋等。小雷山是一座别致的怪石城，集石文化之精髓，令人心驰神往。

小雷山，既有雄伟壮丽的自然风光，又有丰厚的人文资源。山下长港环绕，水库辉映；山上奇松怪石，胜景纷呈。

胜景如何？只有你亲临其境后才知……

小贴士：

亮点：小雷山景区有宝塔、亭台、楼阁、庙宇点缀其中，以石景精奇闻名。大自然的鬼斧神工使其千姿百态，别具神韵。小雷山有着独特的英姿，以其自然风光令人心驰神往。

交通：乘大冶—灵乡的中巴，途经陈贵镇，每 10 分钟一班。

自驾游：武汉—G107 国道—贺胜桥—金牛—陈贵镇—小雷山风景区。

大冶市陈贵镇小雷山风景区管理处电话：0714-8992488。

营业时间：8：00—19：00。

购物：陈贵镇内有各大商场、超市等。

饮食：雷山风景区内有土菜馆、龙凤饭庄、农家野味馆等。

特产：金牛千张、麻花、金柯辣椒、印子粑、灵溪豆豉等。

4. 仙岛湖，华中第一奇湖

景区：仙岛湖生态旅游区

地址：湖北省黄石市阳新县王英镇仙岛湖风景区

景区主题：湖光山色

景区指数：★★★★★

推荐指数：★★★★★

"天上七仙女，人间仙岛湖。"

虽然一提起阳新的"仙岛湖"知道的人很少，但随着在国内的影响力越来越大，"藏在深闺人未识"的仙岛湖也逐渐展现在世人眼前。

其实，对于仙岛湖我早有耳闻，向往已久。虽然离我家不远，但因各种原因一直未能成行。一次过节放假回家，几个伙伴聚在一起，感觉太无聊，有人就提议第二天一早去仙岛湖游玩。大家想都没想，就答应了。

那天一早，我们三人骑摩托车去了仙岛湖。一路上，我们骑行环绕在乡村公路间，微风拂面，好不凉爽。一个多小时后，我们来到了仙岛湖游客中心。

因为是节日，景区内的游客较多。我们买好票后，坐上了游艇，开始了仙岛湖之旅。眼前的仙岛湖碧波万顷，在蓝天下波光粼粼。

游艇留影

仙岛湖因湖畔山崖上悬有一块"灵通仙岛"的古匾而得名。仙岛湖自然风光旖旎，湖水茫茫，群岛时隐时现，似云非云，似雾非雾，虚无缥缈，交织浮动。仙岛湖中1000多个小岛屿散落其间，湖岛之间有蓝的波浪、碧的杉林、翠的竹海，令人神往。

望着游艇在平静的湖面驶过后溅起朵朵洁白的浪花，人生好不惬意。我们坐在船中，任游船在湖光山色之间穿梭，任湖风吹拂，任思绪飞扬，尽情地感受那舟行碧波，逍遥自在的乐趣。

仙岛湖

半个小时后，我们到了野人岛。野人岛自然与野人有关，虽然从山底到山顶都没有遇到野人，但听闻在特殊的节日景区会请一些壮汉来扮演野人。说不定，当你走着走着，突然一个野人冒出来追赶你，吓得你失声惊叫。

野人岛上有一条青石铺成的小路，掩映在枯藤野树之间，静谧而阴凉。我们沿着小路向前，小路两旁林木茂密，绿荫环绕，曲径通幽。我们踏步在这蜿蜒小路上，边走边观赏这里的幽幽绿荫。绿树丛生，竹林摇曳，不远处隐约传来悠扬的鼓声。听到这后，我们心情一路高涨，加快了脚步，因为我们来野人岛主要就是来看表演的。

当我们快爬到山顶时，擂鼓声也越来越大，山越高，林越深。一上来，映入眼帘的是悬挂着硕大牛头的野人山寨，舞台上有一群"野人"正在表演舞蹈。山寨前坐满了观看的游客，有两个"野人"捧着自制的牛头，穿梭在游客之间，嘴里说的像是野人的语言。几个节目下来，使氛围达到高潮的是一个野人的"喷火"表演，长长的火焰从嘴巴里喷出来，既精彩又惊险。

看了这些表演后，感觉野人岛处处充满野人的风情，可以说是妙趣横生。精彩表演过后，我们继续往前走。走出了野人区，便到了傣寨，这里虽有傣族原汁原味的歌舞表演，但我们没有观赏。

走过了一段山路后，来到了景区一个娱乐项目前，这是个滑草项目，两条塑料草制成的滑道一直伸延到山下，特制的滑草盆叠在旁边。我在伙伴一再的劝说下玩了这个项目。

滑草项目建得有些陡，从上滑下来的过程中多少有些胆战心惊，在快速滑下时，还有种飘飘欲仙的感觉。在体验完这项目后，我们坐游艇去了观音洞。观音洞系水渍乳石结构，成洞于约二万多年以前，此洞小而浅，洞内曾有观世音天然石像一尊，可惜后来被毁。走进洞内，可以看到各种奇形怪状的钟乳石。在洞的上方有一洞，名曰"乳润洞天"，洞内经年流水不息，洞深无比。

看到了这些后，我们深深感叹于大自然的神奇杰作。本想在洞内拍照留念，因手机拍照性能较差，只好作罢。我们玩到此，还意犹未尽。

作者女儿在仙岛湖景区留影

"山青水绿景交和，林茂鱼肥橘满坡。尤喜春风吹得意，烟波浩渺拥千螺。"这是对仙岛湖美景的真实写照。如果你从未来过这里，仙岛湖绝对值得你来此一游。

小贴士：

亮点：仙岛湖因湖畔山崖上悬有一块"灵通仙岛"的古匾而得名。这里自然风光旖旎，湖水茫茫，群岛时隐时现，似云非云，似雾非雾，虚无缥缈，交织浮动。仙岛湖中1000多个小岛屿散落其间，湖岛之间有蓝的波浪、碧的杉林、翠的竹海，令人神往。

交通：黄石—大广高速—三溪镇—王英镇—仙岛湖生态旅游区。

自驾游：武汉—关豹高速—沪渝高速—大广高速—三溪镇—王英镇—仙岛湖生态旅游区。

阳新仙岛湖生态旅游区管理处官方电话：0714-7687999。

营业时间：8：00—17：00。

购物：惠万家超市、新码头超市、佳美家超市等。

饮食：渔家美食、农家乐简朴菜、乡土野菜馆等。

特产：银鱼、山野菜、干竹笋等。

第五章
荆州 一方山水，四季花城游人醉

　　荆州地处长江中游、江汉平原腹地，是典型的水乡园林城市。境内山清水秀，湖泊纵横。市内有闻名遐迩的荆州古城、脍炙人口的三国故事、古老纯朴的江汉民俗，一曲洪湖水，唱遍天下知。

1. 荆州古城，长江中游第一城

景区：荆州古城历史文化旅游区

地址：湖北省荆州市荆州区张居正街 2 号

景区主题：古城

景区指数：★★★★★

推荐指数：★★★★★

"古往山川在，今来郡邑殊。北疆虽入郑，东距岂防吴。几代传荆国，当时敌陕郛……"这是唐朝张九龄写的《登荆州城楼》。

一提到荆州自然就会想到闻名遐迩的荆州城。荆州古城有着 2000 多年的历史，早在三国时期就赫赫有名了。其中"大意失荆州"的故事更是家喻户晓。当时，关羽镇守荆州，为防范东吴吕蒙而布下重兵，沿途设烽火台，使吕蒙望城而愁。孙权采纳陆逊之计，用陆逊换走吕蒙，麻痹关羽，关羽轻视陆逊，结果被东吴偷袭荆州，最后败走麦城。

这座古城历经千年风雨，如今依然屹立在长江北岸。

我有幸登上古城是在今年五月间，当时是出差去的荆州。到达荆州时，是我的一个多年未见的同学接待的。坐在车上隔江看到荆州古城时，我的内心激动万分。望着远处那高大坚固的墙体，我充满了感慨："千秋古城，雄风依旧。"

荆州古城

　　荆州古城，又名江陵城，历史上曾为楚国故都。据同学介绍："荆州古城墙东西长 3.75 千米，南北宽 1.2 千米，城墙周长 10.5 千米，高 8.83 米，共六座城门，每座城门上均建有城楼，是中国历史文化名城之一。"

　　在古城六座城门中，同学首推的是东门和北门。在她的建议下，我们来到东门，东门又称"寅宾门"，它是迎接来使和宾客的地方，所以城门最壮观，瓮城也是最大的。东城门有一护城河，是古时的第一道屏障。如今，游客在长长的护城河中泛舟，闲情逸趣，惬意至极。

　　来到城门底下时，一股历史沧桑气息扑面而来。城池因地势而起伏，顺湖池而迂回，蜿蜒状若游龙。我情不自禁地抚摸着苍老、古朴的青砖，从城墙的斑驳的记忆中，我读到了春秋的烽火、秦汉的硝烟、隋唐的沧桑、明清的沉沦。

　　据说，当年造城墙，为确保城砖质量，要求在每块城砖上刻下官员及工匠的名字，质量不合格的，要追究制砖人的责任。

　　踏上古老的青石板铺成的小路，我们走进了宾阳楼，首先映入眼帘的是一座座塑像，有关羽、刘备、张飞、赵云和诸葛亮。看到这些，我仿佛回到了三国战场，遥想关羽当年，朱颜长髯，手握青龙偃月刀，威风凛凛。让人壮心勃发，想体验那"一夫当关，万夫莫开"的豪情。

我们登上了东门的城楼，看着厚重的青砖城墙，一种自豪感油然而生。站在荆州城头，凭空远眺，脚下一汪碧水环绕，仿佛可以感受到古时金戈铁马、气吞万里如虎的画面……此刻让我想起了王建的《荆门行》诗：

"江边行人暮悠悠，山头殊未见荆州。

岘亭西南路多曲，栎林深深石镞镞……"

我们在城墙上四处看了看，古老的城墙边上爬满了爬山虎。在阳光的照耀下，古城墙显得更加沧桑。

我们观看了许久，才依依不舍地走下了城墙。走进广场，来到了"金凤腾飞"前，金凤腾飞是一只金色的"大凤凰"，踩着一轮"太阳"矗立在广场中央，气宇轩昂地朝着东方。金凤的周围围绕着8根石柱，石柱上刻着带有浓郁古荆州特色的雕刻花纹。金凤的南面有一根"九龙柱"，九龙柱上刻有9条飞龙，它们相互缠绕，互相嬉戏，活灵活现，似乎要冲出"九龙柱"。

在同学的提议下，我们又来到了北门，北门又称"拱极门"，是古代通往中原和京城的栈道出口，人们在这里送亲友远行，祝福平安。四面八方而来的游客，让整个古城热闹非凡。

古老的城墙虽已历经沧桑，但深得人民的爱护。特大型环城公园的兴建，使这座国家级历史文化名城增添了一道内涵丰富的新景观，"城墙上行人，内环道上驱车，外环道上跑马，护城河上荡舟"。这座古老的荆州城正焕发出更加迷人的光彩。

游一座古城，翻一部三国，让我情有独钟。一座不老城的记忆，值得我们去细细体会。城墙上的每一块砖瓦的罅隙，都刻着荆楚大地古老灿烂的文明。

小贴士：

亮点：荆州古城，又名江陵城，历史上曾为楚国故都。荆州古城墙东西长3.75千米，南北宽1.2千米，城墙周长10.5千米，高8.83米，共六座城门，每座城门上均建有城楼，是中国历史文化名城之一。

交通：从荆州火车站乘坐 24 路，经过 7 站，到达东门站，步行到达荆州古城历史文化旅游区。

自驾游：武汉—沪渝高速—二广高速—江津西路—荆州古城历史文化旅游区。

荆州古城历史文化旅游区管理处电话：0716-8468124。

营业时间：8：00—17：00。

购物：武商超市（荆州店）、佳佳平价超市、止邦超市等。

饮食：食间道餐厅、老街坊饭庄、和记鱼堂、五谷渔粉等。

特产：洪湖莲子、荆州鱼糕、笔架鱼肚、公安葡萄等。

2. 关羽祠，天下第一关羽祠

景区：荆州关羽祠

地址：湖北省荆州市新南门内环南路 76 号

景区主题：石刻

景区指数：★★★★★

推荐指数：★★★★★

去了荆州，有两个地方不得不去游玩，一个是荆州古城，一个是荆州关羽祠。我去荆州出差时，跟我的同学一起游完古城后，就直接来到了关羽祠。

荆州的三国文化源远流长，我从小就是一个三国迷，对三国的那段历史情有独钟。三国时期，风云漫卷，英雄辈出。关羽以其忠、义、仁、勇精神名扬天下，深受世人敬仰。

荆州关羽祠坐落在荆州古城新南门卸甲山城垣，卸甲山是关羽镇守荆州时战罢归来宽卸铠甲，犒赏将士，庆祝胜利的地方。明代初年，荆州百姓为纪念关公，在卸甲山修建关羽祠。后来古关羽祠毁于日寇侵华战火，现在的关羽祠是近年新建的，保留了明清时期地方建筑风格。

关于卸甲山，相传明代张居正的第三个儿子张懋修曾在此读书考中状元，因而卸甲山自古享有"地灵人杰"之美誉。

当我们走到关羽祠的山门前，只见山门巍峨，飞檐翘角，庄严神圣，山门两边各有一头威猛雄狮，镇守山门。我们走进山门，前面就是 33 级石阶天梯，这石阶天梯源于"三月三日开天门"的民间传说，寓意登上这 33 级天梯，人生自此一步一个新台阶。

我们爬上台阶，首先映入眼帘的是正殿上方咸丰帝赐封的"万世人极"大匾额。正殿前方有一个巨大的长方形鼎炉，炉内烟雾缭绕。走入殿内，殿中塑关公坐姿像和关公的长子关平、次子关兴的立姿像。塑像中关公头戴汉巾，身着汉袍，左手捋须，右手作"免礼"状，凸显出关公和蔼、慈祥的长者形象。四周《三国演义》的壁画，还原了三国时期的情景。

我们默默浏览一遍后就上了二楼，二楼立有关公立姿铜像，高1.8米。据同学介绍，是刘湘江、孙平夫妇捐赠给关羽祠的镇殿之宝。在铜像前有个关公圣迹沙盘，是全国唯一用沙盘展示关公一生行踪的示意图，很形象地展示了关公戎马一生的故事。

看完了这些，我们下了楼。正殿有东西配殿，东配殿也叫祥和殿，西配殿又叫诚信殿。我和同学一起直接去了诚信殿。诚信殿内塑有刘备、关羽、张飞、赵云、诸葛亮五人的头像，神态各异，栩栩如生。一看到他们的塑像，就仿佛走进了三国时期，看到了他们当年指挥千军万马厮杀的场景。

出了祥和殿，就看到旁边高大、恢宏的关公立姿石像，石像高4.8米，关公面朝东方，握刀远眺，威仪凛然。在蓝天白云下，石像看上去很是严肃、壮观。石像前，有不少游客在拍照留念。当然，我们也不例外。

在关公立姿石像后有两棵神奇的楠树，如兄弟一般，同根同茂，虽历经人世沧桑，但枝繁叶茂，依然挺立在卸甲山上。据传，游客可以在这苍翠的古树下挂一把如意锁，祈求关公护佑自己和家人万事如意，心想事成。

我们继续往东走，到了偃月门。从偃月门顺游道往下，道旁塑有刘备、关羽、张飞、赵云、诸葛亮五人的头像，头像雕刻得十分逼真传神，形态各异，活灵活现。头像背后是花木丛林，刚好与头像交相呼应，有一种岁月沧桑之感。

旁边还有一亭，亭内塑有赤兔马，形象高大、健壮，马匹披鞍，昂首奋蹄，欲奔战场。亭东有桃园，内有刘关张结义塑像，底座写有"桃园三结义"。赤兔马亭前是一个广场，广场上的关公塑像手执青龙偃月刀，威风八面。看到这，我联想到了关公的好多故事："千里走单骑""单刀赴会""温酒斩华雄""过五关斩六将"等，关羽被后来的统治者崇为"武圣"。

关羽祠雕像

游完了关羽祠，我作为一个三国迷，内心久久不能平静。关羽祠内生动地展现了关公一生的故事，如今，千年前的盛况已不复存在，但关公的忠义、仁勇、诚信的精神会代代传下去。

小贴士：

亮点：荆州关羽祠坐落在荆州古城新南门卸甲山城垣。卸甲山是关羽镇守荆州时战罢归来宽卸铠甲，犒赏将士，庆祝胜利的地方。明代初年，荆州百姓为纪念关公，在卸甲山修建关羽祠。

交通：从荆州火车站乘坐 15 路、25 路，到长大文理学院站下，步行到关羽祠。

自驾游：武汉—沪渝高速—207 国道—人民路—荆州关羽祠。

荆州关羽祠管理处电话：0716-8498199。

营业时间：8：00—17：00。

购物：好邻居（新南门店）、中百仓储（荆州花台店）、西林湾超市等。

饮食：酒香火锅、滋味阁（新南门店）、久旺虾蟹、小熊比萨等。

特产：洪湖大闸蟹、松滋荞麦豆皮、笔架鱼肚、三湖黄桃等。

第六章
荆门 千年灵秀，演绎楚汉遗韵

　　荆门市地处湖北省腹地中心，位于美丽富饶的江汉平原北部，素有"地接江汉，门锁荆楚"之誉。荆门历史悠久，文化底蕴深厚。境内山水宜人，风光旖旎，自然景色多姿多彩，瑰丽如画。

1. 绿林寨，神州第一古兵寨

景区：绿林山风景区

地址：湖北省京山县绿林镇洪山路

景区主题：山峰

景区指数：★★★★★

推荐指数：★★★★★

在一个初春的时节，我们一家人约好了去绿林寨和黄仙洞玩。首先去绿林寨，然后去黄仙洞。

对于绿林寨的景色，我早有耳闻，并不是文字可以描绘出来的。它有着青山绿水、幽静石径、点点野花，像世外桃源一样美丽，就像仙女下凡一样，一尘不染，不食人间烟火。

"天下好汉出绿林。"今天我们来了，也要做一回好汉！

一路上，我们穿过繁华城市，也路过乡村公路。也许，最好的风景在路上，远处的群山，乡村的田野，都让我们如痴如醉。离京山绿林古兵寨越近，山路越崎岖。

车子开了3个多小时，终于顺利地到达了第一站——京山绿林古兵寨。我们停好车后，径直朝景区走去。站在远处，望向绿林寨这座大山，它透露着一种神秘气息。

我们走到景区大门前，大门上方书写"绿林古兵寨"五个字。大门建筑古朴、庄严、古色古香。大门两边士兵塑像位列左右，那氛围很快感染了我，我仿佛一下子进入了当年的"英雄时代"。

当年轰轰烈烈的"绿林起义"席卷全国，号称"绿林军"。他们安营扎寨，出没于绿林山中，迎敌于云杜，大破官军，攻竟陵，击安陆，威震荆楚，义军达5万余众，推翻了王莽"新"朝，为后来东汉王朝200年的和平局面奠定了基础。

走进景区，道路两边林木茂盛、宁静通幽，我们一路上对"神州第一古兵寨"充满了遐想。我们路遇了古代梯田，它是用一个个石头码成的一层层的田地。相传，当年刘秀驻军此地，带领军士们开垦荒地。那时，官兵对山上进行了封锁，王匡就带着义军开荒种地、生产自救。

从古代梯田过去，我们到了绿林寨天子之门——汉天门。汉天门由石英石建成，高25米，宽16米。远远望去，汉天门庄严、巍峨，耸立于丛林山中，云雾缭绕，如仙界之门。相传，汉天门为刘秀王匡会盟之所。在乾隆二十五年（1760），清高宗弘历下江南游历至此，听闻此事，感慨良多，御笔亲题"天子之门"四字，以示尊崇。

看完汉天门，我们来到了鸳鸯树前，这两棵千年古树很是奇怪，它们竟然生长在巨大的石头上面，还能稳如泰山。真是大千世界，奇迹无所不在。相传，这两棵千年古树为王匡夫妇亲手所栽，天地无穷极，阴阳两相依，当地人叫它们"鸳鸯树"，并且来这两棵树下拜求好姻缘。

再往前走，来到了会盟台，有士兵位列左右，严阵以待。在会盟台正前方有一个猛汉专用象棋，每颗棋子巨重，一般人下不动。公元22年，刘秀和其兄刘演在春陵（今枣阳）起兵，响应绿林军北上。刘演打下棘阳，欲进攻小长安，却被南阳前队大夫（府尹）甄阜在小长安设下埋伏，春陵兵大败。为挽救危局，刘秀力主与绿林军合兵抗敌，刘秀诸人亲到绿林山拜会王匡、王凤，三人就在此处会盟，共商讨莽大计，后人称之为"会盟台"。

在象棋前方，立有刘秀骑牛征战石像，只见刘秀骑在一头牛背上，披荆斩棘，欲冲向敌阵。据《后汉书》记载："光武初骑牛，杀新野尉乃得马。"相传刘秀买不起马，第一次上战场是骑着耕牛冲锋陷阵的，因此他被称为"牛背上的开国皇帝"。

出了会盟台，我们一路前行，沿路观看了许多景点，古兵山寨的氛围深深感染了我，让我迷恋不已。女儿看到士兵、城垣一度很好奇，我在一旁耐心地解释。当我们过一个吊桥，女儿既兴奋又害怕，一直停留在那玩不肯走。

走过吊桥后，我们来到了神驼峰。一眼望去，凸出丛林的奇石，昂首挺胸、双峰隆起，极像一头高大、挺拔的骆驼。因为顾及安全，我独自攀爬上了神驼峰，拍了一张美照后才走了下来。

最后，我们爬上了1400多米高的南寨，看到了梦寐以求的古兵寨后，心情无限好。进入南寨，首先映入眼帘的是耸立在山顶的烽火台，残台孤影，似乎在向人们诉说着这里辉煌而惨烈的历史。

绿林寨雕像

在南寨，我们看到了保存比较完好的古城墙，蜿蜒的城墙，将云高天阔的高地衬托得更加旷远和苍凉。再回首，抚摸着城墙那斑驳的痕迹，我仿佛听到了当年摇旗呐喊和进军的号角，眼前又浮现出那波澜壮阔的激战场面。

在南寨的右边，我们登上了望塔。登高远眺，山下三面的景物尽收眼底，难怪义军士兵在此可监视到山下敌兵的动向。这南寨里的一切，让我流连忘返。绿林寨一游，让我重温了绿林古兵寨浓郁的历史文化。

绿林寨景区重峦叠嶂、石色映辉、葱茏满眼、风景秀美，悠久的绿林寨文化、浓厚的古战场气息，让你有如进入绿林寨当年战争厮杀的场景里。

小贴士：

亮点：绿林寨景区重峦叠嶂、石色映辉、葱茏满眼、风景秀美，悠久的绿林寨文化，浓厚的古战场气息，让你有如进入绿林寨当年战争厮杀的场景里。

交通：在京山火车站后，可选择乘坐 6 路公共汽车到汽车北站，再转乘到绿林的班车。

自驾游：武汉—沪蓉高速—随岳高速—坪客线—绿林寨景区。

绿林寨景区管理处电话：0724-7488888。

营业时间：8：00—17：00。

购物：百家乐超市、绿林元芳超市、鸳鸯溪超市等。

饮食：绿林山庄、华兴土菜馆、大锅饭农庄、绿林家常菜等。

特产：京山桥米、太阳山板栗、臭豆腐、李市藜蒿等。

2. 黄仙洞，世界溶洞之一绝

景区：黄仙洞景区

地址：湖北省钟祥市客店镇赵泉河村 6 组

景区主题：洞穴

景区指数：★★★★★

推荐指数：★★★★★

才游绿林寨，又上黄仙洞。

黄仙洞是我在湖北省内见过的最为一绝的洞穴。洞内钟乳石造型千姿百态、争奇斗艳，被游客赞为"天下第一洞府，人间罕见云盆"。

我们游完绿林寨后，第二天自驾车去的黄仙洞。一路上，车子在乡村公路间，有数不尽的田园风光映入眼帘。从绿林寨去黄仙洞不太远，一个小时就到了。

我们在停车场停好车后，去游客中心买好票，就直接进了景区。到了黄仙洞口，首先映入眼帘的是洞边石壁上"天下第一洞"五个大字。洞口很大，足以供几辆车并排进入，这是国内许多溶洞没有的奇观。

进入洞内，里面别有洞天。进去第一眼便看到一个清澈见底的池塘，池塘内有许多小鱼三五成群地在畅游。我们往里走，听见哗哗响声，看到溪水流淌，洞内灯光幽幽，景物若隐若现。

黄仙洞

我们扶着护栏，拾级而上，一处处景点映入眼帘。洞内钟乳石色彩斑斓、千姿百态，生动形象的景观令人目不暇接，真可谓是"山中有洞、洞内有山"。我抬头看到正上方一块奇特的钟乳石，其形状像极了一条大蟒蛇，真是太神奇了。

我们一直沿着小溪往前走，来到了"龙潭飞瀑"前。上面是飞流直下的石瀑，下面是清水悠悠深不可测的"黄龙潭"。最为称奇的是，这里的水位涝而不升、旱而不落，全年非常稳定，这种现象全国罕见。此时此刻，让我想到了清代文人刘树声的诗："古木时栖鸟，幽岩静落泉。红尘飞不到，安能晤黄仙？"

我们穿过一个长长的"黄仙长廊"，长廊右边可以看到由各种石笋和钟乳石组成的景观。再往前走，我们到了整个黄仙洞内最低处，仅有 1.2 米高的"低头岩"。穿过低头岩，就到了黄仙洞内的第二大厅，我们眼前出现了一块巨大的白色钟乳石，看上去似一头母象带领幼象正伸长鼻子到河边戏水。

黄仙洞内，可谓一步一景，一景一奇，我们屡屡被这里的奇观所震撼。继续往前走，路遇一块像极蘑菇的巨大钟乳石，看到这，才知道到了"蘑菇金山"。在蘑菇金山，有无数大大小小像极蘑菇的钟乳石，在灯光的照耀下，显得富丽堂皇。

再往前走，我们看到了西游记里的"定海神针"，莫非孙悟空的如意金箍棒是取自这里？石柱从地底一直到了山顶上，犹如擎天一柱，真是举世无双，震撼游客的心灵。我们在此观看了许久不愿离开。

黄仙洞内蜿蜒曲折、跌宕起伏，洞内钟乳石形态各异，石林景观奇特、美丽。里面的石针、石矛、石笋、石柱、石幔、石瀑，分别呈红、黄、白、褐等色，景致诱人、色彩绚丽、扑朔迷离，让人流连忘返。

我们再往前走，看到了像喀斯特地貌特征的"沧海桑田"。这是丰富的石灰岩在天然水和地下水的溶蚀作用下，经过极其漫长的地质发展形成的，外观看上去非常的美丽、壮观。

不知不觉中，我们走到了最令人惊叹的"天梯"前。据现场人员介绍，天梯有 90 多米高。站在天梯脚下，抬头望向天梯，几乎有如一条由山顶垂下来的直线，既惊险又让人好奇。出于安全起见，我让妻子和女儿在这里等我，我独自攀爬上了这条"通天"之路。

在往上爬天梯时，我有过一丝丝害怕，但在妻儿面前，我面若无事一样。我丝毫不敢松懈，爬到了天梯顶上。出了洞后，眼前又是一片世外桃源。绿葱葱的植被，四周是茂密的树木、清新的空气，让人心旷神怡。

可以说，这里是一个基本上与世隔绝的小土寨，沿着青石小路走，就到了娘娘寨，娘娘寨前，是万亩的茶园。这寨子里的人很是朴素，热情大方。娘娘寨真是太美了，如果不是游客的到来，打破了这里的宁静，你说让它一直尘封于世有多好。

黄仙洞以大、奇、美等著称，不愧被誉为"世界溶洞之一绝"。自春秋战国以来，不少墨客画士常来这里观赏抒怀、探幽访古，羡天功之造化，叹人力所不及。钟情于九州，促人以遐思。

黄仙洞，值得你来此一游。

小贴士：

亮点：黄仙洞内蜿蜒曲折、跌宕起伏。洞内钟乳石形态各异，石林景观奇特、美丽。里面的石针、石矛、石笋、石柱、石幔、石瀑，分别呈红、黄、白、褐等色，景致诱人、色彩绚丽、扑朔迷离，让人流连忘返。

交通：荆门汽车站乘坐长途汽车到钟祥，钟祥每天有两趟直达景区的班车，分别是 7:20，13:00。

自驾游：钟祥—石城大道中路—阳春大街—金福祥大道—莫愁大道—S311—黄仙洞景区。

黄仙洞景区管理处电话：0724-4382222。

营业时间：8：00—17：00。

购物：佳佳超市（黄金路）、乐福生超市、爱家超市等。

饮食：水车埠农家乐、杨记饭庄、大锅钣农庄、优客美食等。

特产：钟祥葛粉、钟祥大米、旧口砂梨、钟祥香菇等。

第七章
宜昌　山川无极，揽不尽的大山大水

　　宜昌，古称"夷陵"，因"水至此而夷，山至此而陵"得名，是三国古战场，是楚文化发祥地之一，是伟大的爱国诗人屈原、民族和睦使者王昭君的故乡。它扼守着长江三峡的门户，是镶嵌在长江三峡的一颗璀璨明珠。峻岭的巍峨，蜿蜒的江水，在浩瀚的长河中谱写着一首首唯美的山水诗篇。

1. 三峡人家，依山傍水风情如画

景区：三峡人家风景区

地址：湖北省宜昌市夷陵区峡州路 5 号

景区主题：森林、瀑布

景区指数：★★★★★

推荐指数：★★★★★

一次国庆节假期，我与几个朋友结伴来到了宜昌三峡游玩。在这节日里，我们要游遍宜昌的每一个角落，每一处景点，吃遍宜昌的大街小巷。

三峡人家是我们游玩的首站，也是我们向往已久的景点。我们都知道，宜昌三峡大坝工程早已闻名海内外，而"一肩挑两坝，一江携两溪"的三峡人家，占有天时、地利、人和，注定了三峡旅游的不平凡。

三峡人家，依山傍水，风景如画，景区中三峡吊脚楼点缀于山水之间，久违的古帆船、乌篷船在江上如一叶叶扁舟，溪边的少女边唱着歌谣边挥着棒槌清洗衣服，江面上悠然的渔夫撒着渔网……一幅幅美丽动人的山水画卷，让我们如痴如醉。

在去之前，我们安排好了行程和路线。放假第一天，我们自驾游去的三峡人家。因为路途较远、道路曲折，提前一天去好养精蓄锐，第二天正式登山。我们还在网上提前订好了三峡人家附近的一个宾馆住宿。因为我们听说，一到过节三峡人家附近住宿价格会飞涨，很难找到住宿的地方。

一路上，我们对这次的旅游充满了期待。山路九曲回环，满野的田埂山色映入眼帘。我们开了几个小时的车才到达三峡人家景区。在订好的宾馆休息了一晚后，第二天一早，我们就去了景区。

可能因为节假日，景区内的游客明显很多，有散客和团队。我们排队取完票后，在胡金滩码头上船。没过多久，客船就驶在江面上，碾压出的层层的波浪一路追逐着我们。在江面上，首先映入眼帘的是规模庞大的大坝——葛洲坝。远远望去，滚滚的长江水，波涛汹涌、惊涛拍岸、气势恢宏。

游船往深处行，渐渐感觉走入了画中。两边的山峰奇秀俊美、树木青翠。水中倒映着湖光山色，水天一体，如一幅美丽的山水画卷。十多分钟后，我们到索道码头下了船，临时决定爬上山，下山时乘坐索道。

三峡人家风景区

一路上，我们走走停停。凡遇到美景，就会停下来驻足观看和拍照。远眺眼前的大山，绵延不绝、一望无际、直入云层。我们爬上了右下边石碑处，此石碑高达 32 米，顶部宽 12 米，它直如刀刃、通体纯白，有壁立万仞之势，被游客誉为"中华第一神碑"。看到这，让我想到了当年郭沫若先生在石碑处远眺明月湾时，发出了"山塞疑无路，湾回别有天"的感叹。

我们从石碑处爬到了山顶，本想从左边坐缆车下山的，但在其中一个朋友的建议下，我们直接去游览巴王寨了。巴王寨建在半山处，临江靠山，很远就看到寨子的古老和粗犷。当我们踏入寨子时，有一种历史的沧桑气息扑面而来。古老的寨子极具土家风格，木质的阁楼，房檐上还挂着红灯笼，让人仿佛穿越时光的隧道。

当我们走进来时，刚好看到寨子里在表演，一个戴着鬼神面具的壮年男子，做着古代求雨动作，还跳着各种我们看不懂的舞步。神奇的是，没过一会，有水汽湿润了脸，当时看得我们面面相觑，再认真一看时，才知道是表演而已。

我们还看了一个上刀山的节目，这节目看得我胆战心惊的。表演者赤脚踩在尖刀上，一步一步往上踩，全程让人透不过气来，神经紧绷，这表现了古代巴人的勇敢。其实巴王寨的表演还是挺多的，还有"对山歌""抛绣球招亲"等等精彩节目，但我们看完那两个节目后，就爬山去了巴王宫。

巴王宫是一个充满传奇的王宫。在 2000 年前，这里居住着神奇的巴族。在来之前，我就对这个巴王宫充满了好奇。因此走到巴王宫前，我内心感慨万千。一个用石头和泥土建成的寨子，一个用巨石和原木垒成的城堡，它记录着一个民族从发展壮大到衰落的历史。

巴王宫

在宫门外，我们看到一件制式独特的青铜器。据朋友介绍说，这叫"虎钮錞于"，虎是巴人的图腾。"虎钮錞于"是古代的战鼓，用来指挥军队进退的号令，用手扣击，声音雄浑激昂。目前，这件虎钮錞于是巴王宫的镇宫之宝。

巴王宫主要由兵器室、白虎堂、祭祖堂、学堂、巴王的寝宫、鄂水娘的寝宫、公主王子的寝室组成。走进巴王宫，我们看到了弓、箭、弩、抛石机、攻城车，都是那个年代战争时使用的武器。我们边走边观赏，遥想着当年的情景。

游完了巴王宫，出来后我们径直去了西陵第一洞——灯影洞，它又称时光隧道，对这个灯影洞我早有耳闻，灯影洞幽深狭长，长约1500米，洞内岩溶地貌景观奇特，洞道地形多变。其中以"五色奇音石"最为绝妙，有一条落差达30米的地下河蜿蜒其中，行走其中如梦似幻，令人心醉神迷。但我们走到灯影洞时，工作人员告诉我们此洞现在不开放，很是遗憾。

因为时间的关系，我们就直接下了山，但对三峡人家的风景很是留恋，真是好山好水好风景。回首时，三峡人家在群山翠竹的环绕下，青山绿水，如诗如画。

小贴士：

亮点：三峡人家，依山傍水，风情如画。景区中三峡吊脚楼点缀于山水之间；久违的古帆船、乌篷船在江上如一叶叶扁舟，溪边的少女边唱着歌谣边挥着棒槌清洗衣服，江面上悠然的渔夫撒着渔网……一幅幅美丽动人的山水画卷，让我们如痴如醉。

交通：在火车站，可乘坐9路或1路公交车到夷陵广场，转乘10-1路公交车到达景区。

自驾游：武汉—沪蓉高速—三峡高速—宜巴公路—三峡人家风景区。

三峡人家风景区管理处电话：0717-7855592。

营业时间：8：00—17：00。

购物：渺小商行、时代超市（紫阳店）、潇潇购物等。

饮食：乐乐农家土菜馆、索道餐厅、黄家九大碗、德兴活鱼馆等。

特产：烟熏腊肉、三峡苕酥、五峰茗茶、宜昌柑橘等。

2. 清江画廊，无法抗拒的清江秀水

景区：清江画廊风景区

地址：湖北宜昌长阳县龙舟坪镇

景区主题：湖光山色

景区指数：★★★★★

推荐指数：★★★★★

"一江碧水一江歌。"在宜昌一个小县城里却藏有一处如诗、如梦、如歌、如画的美景。每每出差，总能见到清江画廊的广告，深深地被它的美景所吸引。

清江无疑是长江的一颗璀璨明珠，"水色清明十丈，人见其清澄，故名清江。"它发源于鄂西利川市龙洞沟，流经恩施、长阳、巴东，在宜都市注入长江，全长 423 千米，有"八百里清江美如画"的盛誉。

清江画廊

在一个周末，我与好哥们来了场说走就走的旅行。朋友开车，一路上风尘仆仆，追寻着路途中的自然风光，呼吸新鲜的空气，感悟人生。

当我们到达清江画廊游客中心，停好车后，就走进了景区。当我们走到了游客码头时，内心很是兴奋，因为它比我们想象的还要美。八百里的清江宛如一条绿色飘带，穿山越峡，自利川齐跃山逶迤西来。由清江穿峡形成的两岸喀斯特地貌，重峦叠嶂，刚好与湖内翡翠般的岛屿形成呼应，星罗棋布、灿若绿珠。

清江画廊景区东起清江隔河岩大坝倒影峡，西至清江水布垭大坝盐池温泉，沿清江一线是所有旅游景观及景区景点。游船从隔河岩电站大坝右侧驶入一道峡谷，这便是有名的倒影峡。

倒影峡峡长 5 千米，水静谷幽、山峰陡峭，处处皆画。在倒影峡中，沿途可观赏文峰山、骆驼饮水、孔雀开屏、巫灵大佛等自然景观。两岸的岩石群形成天然山石景观，远处山峰林木葱翠，树影婆娑，清泉潺潺。

在游船经过文峰山、孔雀开屏、巫灵大佛等景点时，文峰山雄劲的身姿倒映在清江之中；鬼斧神工的孔雀开屏山，山形像极了一只昂首开屏的美丽孔雀；巫灵大佛山像极了一座在清江边打坐的大佛，形态逼真、气势磅礴，极富自然质朴气息。

在游船上，还可以远眺隔河岩大坝，茫茫江水，浩浩江山，真是壮观之极。当游船靠近武落钟离山码头时，我们下了船。抬头远望，山势挺拔险峻，风光绮丽，亭台楼阁气宇轩昂。

武落钟离山是土家先祖巴人的发祥地，也是他们民族的圣山。千百年来，它就这样静静地躺在清江岸边，用它博大的胸怀养育繁衍了当今 800 多万土家族人。我们沿 376 级台阶往山上攀爬，山虽不高，但极其陡险，虽有点疲惫，但我们还是一口气爬上了山顶。

武落钟离山中有不少的楼阁庙宇，目前还尚存有赤穴、黑穴、向王庙、德济亭、石神台、盔头岩等巴人遗迹。沿途我们最感兴趣的是武落钟离山的最高峰。爬上顶峰的那一刻，我们彻底沸腾了，高声呼喊："清江画廊，我来了……"

　　武落钟离山，满山葱翠，层层叠叠。站在顶峰上，四处远眺，武落钟离山四面环水，碧绿的清江水从远处逶迤而至，宛如一道长长的天河将武落钟离山环绕其中。两岸群峰对峙，在云雾中，似有似无，虚无缥缈，宛如仙境。

　　在山上观看了许久，我们才依依不舍地下了山。我们乘游船来到了最后一站仙人寨，景点位于清江画廊景区门楼处 1 千米，与隔河岩水电站大坝隔江相望。从游船码头登岸后，顺登山栈道而上。栈道临山而建，头顶悬崖峭壁，下临江河深渊。

　　走进仙人寨，一座座重叠的土家吊脚楼群就展现在眼前，古色古香。我们攀登山道，来到了一个半开敞的巨大山洞——仙人洞。在台阶左侧，有一块巨石上写有"仙人洞"三个大字。拾级而上，上面供奉着一个高大的如来佛。在这个巨大山洞内，建有几座庙宇，还供奉有观音菩萨等。

　　在这仙人洞里，游客明显比较多。站在仙人洞口俯瞰清江，山川锦绣、江水潆回，一派佳丽灵淑之气。山如青罗带，水如蓝宝石，奇景满眼，花香四溢。仙人寨美如画卷，人如画中游！

　　"清江天下秀，长阳歌舞乡。"景区内一年四季如春、鸟语花香、碧波荡漾、气候宜人、风光如画。"水清鱼读目，山静鸟谈天。"清江画廊是长江中一颗遗落凡间的明珠，是我们无法抗拒的清江秀水。

　　你若来此一游，定会让你流连忘返！

小贴士：

　　亮点：清江无疑是长江的一颗璀璨明珠，"水色清明十丈，人见其清澄，故名清江"。它发源于鄂西利川市龙洞沟，流经恩施、长阳、巴东，在宜都市注入长江，全长 423 千米，有"八百里清江美如画"的盛誉。

　　交通：在宜昌长途汽车站乘坐客运巴士到长阳，在长阳县城车站乘坐公交直达景区。

　　自驾游：武汉—三环线—汉蔡高速—京港澳高速—沪蓉高速—廪君大道—龙舟大道—清江画廊风景区。

　　清江画廊风景区管理处电话：0717-5319721。

营业时间：8：00—17：00。

购物：清江便民商店、多润多超市、505 超市等。

饮食：农家小院、长阳鱼奴火锅店、李府味道、鱼乐火锅等。

特产：清江椪柑、资丘木瓜、炕洋芋、土家酱香饼等。

3. 三峡大坝，宏伟壮观的巨浪漫天

景区：三峡大坝旅游区

地址：湖北省宜昌市夷陵区三斗坪镇三峡大坝

景区主题：大坝

景区指数：★★★★★

推荐指数：★★★★★

才游三峡人家，又上三峡大坝。

在我们游完三峡人家后，第二天就驱车来到了三峡大坝。三峡大坝工程举世瞩目，闻名海内外，宜昌这座城市也因此非常出名。

宜昌，古称"夷陵"，是中部地区的重要交通枢纽，也是"中国钢琴之城"。因为有了葛洲坝和三峡大坝，现在又被称作"中国水电之都"。

从宜昌到三峡有一条专用的高速公路，目前这条公路已对社会车辆开放。但是，对于自驾游的游客，车辆必须接受严格的检查后办理通行证，方可进入大坝参观旅游。

我们在游客换乘中心停好车后，步行进入大坝进行参观。我们在游客的建议下第一站游览坛子岭，坛子岭是三峡大坝的最高点，海拔 262.48 米，也是观赏三峡工程全景的最佳位置。

当我们走到坛子岭门口时，看到坛子岭的顶端观景台形似四川人做泡菜的坛子，我们穿过门口乘坐电梯上去。首先，来到了三峡工程模型室，模型很大，是浓缩的三峡工程全貌。从空中俯瞰整个三峡工程，很是雄伟、壮阔，其江面山水相连，高峡出平湖，很是秀美。

走出模型室，一本巨大的"天书"映入眼帘。可以毫不夸张地说，这是我见过最大的书，也是目前中国最大的一本书了。这本巨书已被打开，里面是对三峡工程的介绍。我们走进碧毯般的草坪，看见那万年江底石孤独地高高耸立在那里，犹如饱经磨难的老者，袒露着浑身筋骨，向世人诉说着历史的沧桑。

我们登上举世闻名的坛子岭后，视野开阔、心旷神怡，有一种"会当凌绝顶，一览众山小"的感觉。坛子岭南望是巍巍三峡大坝，北望是神秘的五级船闸，江对岸是伟山。极目远眺三峡大坝的壮丽美景，令人震撼。站在观景区上，可俯瞰三峡坝区的全貌，又可饱览西陵峡黄牛岩的秀丽风光和秭归新县城的远景。

坛子岭的坛体四面是一组大型铜板浮雕《润生源》，因坛体为圆形，形如水轮机蜗壳，正面雕刻着三个壮年男子携手在水流中旋转，表现了万物以水为生的强大力量。铜浮雕两侧，上为虎，下为凤，在三峡坝区的巴楚之间，古巴人尚虎，楚人崇凤。

从坛子岭下来后，我们去了 185 观景平台。185 观景平台位于三峡大坝坝顶公路的左岸端口处，与三峡坝顶齐高。登上平台后，台上的游客很多，也许是游客更想近距离接触三峡大坝。站在观景平台上，"截断巫山云雨，高峡出平湖"的壮观美景近在眼前，可以近距离观看江水奔腾，听浪涛拍岸。

我们在平台上观赏了许久，如同身临坝顶，看着脚下白浪滔天的恢宏，远处平静的江面，在静与动的美景中交相辉映。这也是我第一次零距离观看如此雄壮、恢宏的三峡大坝，如雷霆万钧的洪流被踩在脚下，令人十分激动、振奋，万千情感渐渐融入这一江水中。

走下 185 观景平台，我们来到了近坝观看。看着无比坚固的三峡大坝坝体，如横空出世的长城，阻断了滔滔江水，大坝泄洪时的巨浪漫天，想必也很是雄浑、壮观。在欣赏如此美景的同时，我们用相机记录了与大坝亲近的激动时刻，看到这，也让我想到苏轼的一首词："大江东去，浪淘尽，千古风流人物……"

离开 185 观景平台后，经过宜昌西陵长江大桥，我们来到了最后一站——截流纪念园。在截流园内，我们看到了当年那些施工的巨型推土机、铲车、自卸汽车等。如今，它们静静地躺在园内，受人们瞩目。看到这些，我真切地感受到三峡工程建设中的点点滴滴、风风雨雨，仿佛回到了当年那种热火朝天的建设场景。

三峡大坝

三峡大坝工程，震古烁今。现在回想起来，依然让国人难忘。面对大坝，隔岸远望，巍巍大坝雄伟、壮阔。大坝的建成，体现了"人定胜天、天人合一"的精神。

盛世峡江，壮美大坝。看完三峡大坝，我感慨万千。我看到了三峡大坝美丽、壮观的一面，同时也看到了人类在大自然面前的渺小，但只要人类想做的事，那就一切皆有可能。三峡大坝，是人类在改造大自然过程中书写的新的篇章！

小贴士：

亮点：三峡大坝工程，震古烁今。现在回想起来，依然让国人难忘。面对大坝，隔岸远望，巍巍大坝雄伟、壮阔。大坝的建成，体现了"人定胜天、天人合一"的精神。

交通：在宜昌市区可乘坐216路公交车直达三峡大坝旅游区。

自驾游：武汉—沪渝高速—三峡高速—三峡大坝旅游区。

三峡大坝旅游区管理处电话：0717-6763498。

营业时间：8：00—17：00。

购物：渺小商行、旺达超市、潇潇购物等。

饮食：蜀香园川菜馆、兄弟酒家、久久家常菜馆、小洞天酒家等。

特产：百里洲砂梨、宜都蜜柑、枝江大曲、秭归脐橙等。

4.清江方山，风光如诗如画

景区：清江方山风景区

地址：湖北省宜昌市长阳土家族自治县郑家榜村

景区主题：山峰

景区指数：★★★★★

推荐指数：★★★★★

"清风十里，不如方山一米……"

清江方山是我们在游完了清江画廊后去的第二个景点。刚好借周末的时间，痛快地玩了一场。

迤逦方山，屹于武陵山脉之东，清江中下游，地处巴土之源。其中，方山其间溪河纵横，皆由山泉汇聚而成。方山在被武陵山脉的环拥切割中，形成了峰丛如林瀑泉满山的神仙地界。

一路上水泥公路蜿蜒曲折，九曲回肠，一路的风光不时地映入眼帘。因为离得近，半个多小时就到了清江方山景区。

我们在景区停好车后，从西门进入景区。一进入景区，就与水为伴，山间传来密集瀑布的声音。这声音婉转悠长，在山水林间跳动着灵性的音符。

一会儿，我们走到了古琴瀑前。瀑布从山间流出，层层冲刷而下，溅起一颗颗水珠，晶莹剔透，似悬挂着一条条轻纱。和其他全国闻名的瀑布相比，其他的瀑布是大家闺秀的话，方山的无数瀑布应算得上是小家碧玉了。

清江方山

"青山行不尽，绿水去何长。"从进方山起，这座名山就被瀑布包围在其中，自始至终让我见识到这种山与水的相依相惜、不离不弃，见证山水融合、千年不变的初心。

当我们行走在山间，山路弯弯、泉水叮咚。远远望去，方山的峰林如一字直立，或独立直插云天，或若即若离，似阴阳组合，或群聚一起整齐排列，山峦叠翠、气势磅礴、千姿百态。

我们走走停停，或观景，或休憩，或拍照。不知不觉中我们走到了6300米的清江方山绝壁栈道。看到这条狭长的栈道，我们惊呆了。这条悬空在悬崖绝壁间的栈道，堪称是人类的一部艺术品。它头顶悬崖峭壁，下临绝壁深渊，我们行走在上面，有如在云层中漫步，宛若仙境，因此，这条绝壁栈道又称为"方山天路"。

我们继续往前走，走到一处吊楼处。这是一处天然岩洞，从山形上看，大有"一夫当关，万夫莫开"之势。在这里，有少数穿着民族特色服装的人员，随着音乐的旋律正在翩翩起舞。虽然跳得一般，但对这种淳朴、热情的当地人，我们怀着深深的敬意。能在山林中舞得悠然自得，头顶白茫茫的万丈高空，这份悠然之情，正是我们现代人所缺少的。看到这里的一切，我突然想到了未来。这里有碧水青山极目，有花鸟鱼儿做伴，有万丈高空作衬托，择此方山一地而终老，人生足矣。

临崖边而走，凉风习习，香气氤氲。回过头看自己走过的路，很是不可思议。回头再看方山，你就会真真切切地感受什么是悬崖直壁，什么是万丈深渊。一个峡谷携一条清溪，一面绝壁举一片峰峦。以前有句话叫"转角遇到爱"，在绝壁栈道上，转角你会遇到你的前世今生。

一路上，我们游山玩水，好不惬意。在景区的游客很多，都来自五湖四海，大部分游客是冲着景区这个绝壁栈道而来。在今年景区的玻璃栈道开通后，游客一度爆满。为了尽快体验玻璃栈道，我们加快了脚步。

看到玻璃栈道的那一刻，我们内心很是兴奋。晶莹剔透的玻璃，脚下的谷底草木森森、水雾蒸腾，栈道白如云雪。惊险、刺激，让人惊心动魄。也许，当你第一次走这样的栈道，那种胆战心惊的感觉，让你欲罢不能。纠结，再纠结，我们亦会从容地走过去。

当我们轻步走在上面时，那种美妙，让人飘飘欲仙，那种走在绝处又逢生的美，延续着人生的希望。走在玻璃栈道上，如空中漫步、驾雾腾云，有种"一览众山小"的感觉，方山美景尽收眼底。

"奇峰绝壁观云海，峡谷深林赏瀑飞。老树青藤流水激，虹桥栈道访神仙。"清江方山，自然风光十分秀美，山水相依，仙风道骨，如梦如幻，风光如诗如画。大自然鬼斧神工缔造的方山峰丛和灵巧怪石，奇形怪状、美不胜收、妙不可言。

悠悠清江水，浓浓方山情。清江方山，我们下次再见！

小贴士：

亮点："奇峰绝壁观云海，峡谷深林赏瀑飞。老树青藤流水激，虹桥栈道访神仙。"清江方山，自然风光十分秀美，山水相依，仙风道骨，如梦如幻，风光如诗如画。大自然鬼斧神工缔造的方山峰丛和灵巧怪石，奇形怪状、美不胜收、妙不可言。

交通：从宜昌长途汽车站乘坐客车到长阳，再在长阳客运站乘坐直达景区的大巴。

自驾游：武汉—京港澳高速—沪蓉高速—廪君大道—214 县道—清江方山风景区。

清江方山风景区管理处电话：0717-5325858。

营业时间：8：00—17：00。

购物：东方超市、宜化超市、百姓商贸等。

饮食：方山农家情、清江方山芳芳农家乐、清江方山福兴农家、土家美食园等。

特产：清江椪柑、长阳金栀、炕洋芋、土家酱香饼等。

5. 柴埠溪大峡谷，湖北的"张家界"

景区：柴埠溪国家森林公园

地址：湖北省五峰土家族自治县境东部

景区主题：河流

景区指数：★★★★★

推荐指数：★★★★★

东有张家界，北有柴埠溪。

这个素有湖北"张家界"之称的柴埠溪位于湖北五峰县渔洋关与长乐坪两镇交界处，距渔洋关集镇 3 千米，是一处集绝壁石林、幽谷清溪、原始生态为一体的台地峡谷风景区。在我与朋友一起前往之前，我们就对这个景点早有耳闻。

柴埠溪境内奇峰林立、峡谷幽深，其中奇形怪石可以称为"华中一绝"。景区内集奇、险、秀、幽、野于一体，以茂林、幽谷、异石、奇峰、险崖、溶洞和云海最为壮观。"幽峡奇峰柴埠溪，三千奇峰仙境地"，这是对柴埠溪的真实写照。

我们去了之后，感觉实景比这描述更漂亮、更迷人。那天我们一早就去了柴埠溪，到达景区时是上午 10 点左右。我们进入景区大门后，乘坐了观光车沿谷底溪边公路前行，一路上微风拂面，优美的画卷令人目不暇接。

没过多久，我们到达了客运索道站，然后转乘缆车上山。乘缆车观景是一件不错的美事，随着缆车不断上升，柴埠溪的美景逐渐露出真容，山脉绵绵、层峦叠翠，山川河流尽收眼底。从高空俯视峡谷，景色美不胜收，千姿百态的奇石令人无限遐想。

下了缆车后，穿过绣楼，对面有一座独立的小山峰侧身对着我们。小山峰上有一些花花草草，一眼望去，似乎是小仙童怀里抱着一束花。所以，这座小山峰又称为"仙童献花"，认真看，小仙童似乎在对我们眨眼睛了。

我们继续往前走，来到了百级"青云梯"。这青云梯足足有100多个台阶，架在崇山峻岭中，望而令人生畏。但我们还是一口气攀爬了上去，在上面歇息片刻后，又继续向前。我们经过古藤桥时，有两块矗立的山峰映入眼帘，他们如情人一般紧紧贴在一起，散发着浪漫的气息。这两块小山峰在景区叫"对嘴石"，我个人觉得名字较俗，可以取名"情侣峰"，两人生生世世、相依相偎，在蓝天白云下，让世人见证了地老天荒的爱情。据说，有很多情侣都会在这里立誓结缘、永不相离。

又往前走了一会，只见前方有两座横跨两山之间的桥。一座是橘红色的铁桥，紧挨着的是一座玻璃铺成的吊桥。玻璃吊桥在柴埠溪又是一个亮点，行走在上面既惊险又刺激。头顶碧蓝天空，脚下便是万丈深渊，胆小的人会吓得尖叫不断。但当你走过去后，这桥会给你留下美好的回忆。站在玻璃吊桥上，如站在云端，你还可以观赏柴埠溪四周的景色。山峦重叠，绵延不绝看不到尽头。峡谷中的一条溪流，远远看去，像一条弯弯轻柔的彩带。

我们体验了玻璃吊桥的乐趣后，小心翼翼穿过一个岩洞，"圣水观音"便伫立在眼前。这块岩石最精致的地方在于岩石上部突起的小石块，看上去山形神似一个观音雕像。她发髻高耸、静穆伫立，左手捏着兰花指，右手托着圣水瓶，甚是惟妙惟肖。

关于这个圣水观音，还有一个美丽的传说。相传柴埠溪山上水比盐金贵，年年缺水。一直以来，柴埠溪的村民都为吃水犯愁，每年都要来这拜观音，观音被村民的诚意打动了。每年缺水季节观音都要来给这里的村民施舍圣水，据说只要接到一滴圣水放到缸里，一年四季缸里的水都舀不完了。

柴埠溪

　　我们沿着林荫小道继续往前走，一路上欣赏着沿途的风景。忽然从远处传来了阵阵山歌，一听才知是土家族传唱最多的民歌《六口茶》。循声望去，是一位老者在和游客们对歌。在我们到达"点歌台"时，得知那位老者有80多岁高龄，在场的所有人都很惊讶。有人起哄让我们来一首时，我朋友笑而摆了摆头。

　　走到这里时，我们为是去看"笔架山"还是"神笔峰"犹豫不决。两个都看的话，往返"笔架山"和"神笔峰"需要几小时路程。最后，我们达成一致意见，就去了神笔峰。我们对于这支神来之笔、大自然的惊叹之作，向往已久。

　　当我们走到这座神笔峰前时，被眼前的实景所惊艳了。神笔与笔座整体高约50米，而笔尖与笔座交接处只有不足1米直径的石块，顶住十几米高的巨石而屹立不倒，让人啧啧称奇。看到眼前这奇景，我内心久久不能平静。不少游客赞叹说："百里柴埠溪，山水奇中奇，泰斗神笔数第一。"

　　"这支千古神笔，真是太壮观、太美了。"我的朋友不禁赞叹道。看到这里，我们久久不愿离开。

清澈的溪流，幽深的峡谷，来到柴埠溪大峡谷，定会被这里的满目青山、峰峦叠翠所深深吸引。当你置身于茫茫丛林中时，吸一口灵气，掬一捧清泉，可以独享柴埠溪那份山水林间的幽静、美妙。

小贴士：

　　亮点：柴埠溪大峡谷境内奇峰林立、峡谷幽深，其中奇形怪石可以称为"华中一绝"。景区内集奇、险、秀、幽、野于一体，以茂林、幽谷、异石、奇峰、险崖、溶洞和云海最为壮观。"幽峡奇峰柴埠溪，三千奇峰仙境地"，这是对柴埠溪的真实写照。

　　交通：从宜昌长途汽车站乘坐客车到渔洋关，再在渔洋关乘出租车或包车直去柴埠溪大峡谷风景区。

　　自驾游：武汉—京港澳高速—岳宜高速—呼北大道—325 省道—220 县道—柴埠溪大峡谷风景区。

　　柴埠溪大峡谷风景区管理处电话：0717-5759516。

　　营业时间：8：00—17：00。

　　购物：东方超市、鑫宇超市、长乐坪购物广场等。

　　饮食：柴埠溪酒楼、巴竹园、阳光餐厅、古松酒楼。

　　特产：五峰宜红茶、五峰绿茶、采花毛尖、白溢稻等。

6. 三峡大瀑布，陡峭山崖一泻千里

景区：三峡大瀑布风景区

地址：宜昌市夷陵区黄花乡新坪村

景区主题：森林、瀑布

景区指数：★★★★★

推荐指数：★★★★★

这个有着"中国十大名瀑"之称的三峡瀑布，是我们游玩的第三个景点，因为早就听闻了三峡瀑布的美丽、壮观，还是百闻不如一见。

三峡大瀑布方圆数百里，群峰峙立，重峦叠嶂，泪淌河穿行其中。那天一早，我们准备好了装备，规划好了路线，就出发去了三峡大瀑布景区，因为离得近，在上午9点左右就到了三峡大瀑布风景区。

当我们到达景区大门时，远远看到大门上"中国十大名瀑"6个大字。门楼飞檐翘角、气宇轩昂，散发着浓厚的人文气息。进入大门，映入眼帘的是一条古色古香的林间小道。

在小道的左侧有一条长长的溪流流淌在峡谷里面。溪水清澈见底，或湍急，或舒缓，一路逶迤前行。溪水两边是悬崖大山，山上林密草丰、鸟鸣山涧。两山之间，相距最近的仅四五米宽，仰头望崖，仅见一线天光，古木森森、幽静无比。

我们随着小道一路前行，逆流而上。山脉相连，溪水各异，色彩缤纷，美景处处，让人应接不暇。在途中遇到一重接过一重的溪水流了过来，环环相扣，瀑瀑相连。我们禁不住这清冽甘甜的溪水诱惑，脱了鞋打赤脚下了水。

我们在水中玩耍、嬉戏，清凉的溪水直透到了心田。

三峡大瀑布

　　我们继续往峡谷里走，遇到许多不大不小的瀑布。薄薄的水雾依山而下，洒落潭中，宛如仙女散花。一路上，奇花异草、奇峰怪石随处可见。山林中林木茂密、草木丛生，到处散发着清香扑面而来。

　　不久，我们就走到了听瀑亭。在听瀑亭上小坐一会，环境十分雅致，空气特别清新，四周的景色很是迷人，让人心旷神怡。此时此景，人生好不惬意。小憩了一会，我们走上了晃晃桥。晃晃桥架设在两山之间，桥下是碧绿的溪流，桥两边是绿葱葱的山峦。山峦叠翠，河流倒影，水天一色，美丽至极。

　　我们行走在青山绿水之间，聆听着大自然的欢悦，观看着瀑布不停地演奏着或轻快或悠扬或激越的乐曲。一会儿我们就到了观景栈道，栈道依山而建，脚下沟壑纵横，头上参天大树，步行在栈道上，景色非常美丽。

　　小溪时而缓，时而急，我们的步伐也随着它时快时慢。行走在这峡谷中时，偶尔还会遇到跳跃于树林之间的野生猕猴，如果赶上饲养员喂食，还可以近距离地接触野生猕猴。看到这一切，我们沉醉于路边的美景之中。

　　又前进了一会，忽然，一个凌空飞架的吊索桥映入眼帘。这个空中索桥是景区的一个特色，行走在吊桥上，桥会不停地"颤抖"，如果不扶好栏杆，人很可能会失去重心而摔倒，如果有捣乱的人摇晃吊桥，会使一些胆小的游客一路尖叫，胆战心惊。

我们体验完吊桥，不知不觉中，一阵破天荒的"长啸"声直入耳蜗，震耳欲聋。仔细一听，应该是大瀑布离我们不远了。我们沿着小溪加快了脚步，一会儿就看见大瀑布前排满了人。眼前的大瀑布深深地震撼着我的心灵，清泉从百余米高的陡峭山崖飞流直下，接天连地，涛声如鼓催战马，蔚为壮观。有如诗仙李白的诗句所描绘的那样："飞流直下三千尺，疑是银河落九天。"

万丈白雪满天下，不尽飞瀑滚滚来。三峡瀑布的主瀑布高 102 米、宽 80 米，比享有"中国第一瀑布"之称的贵州黄果树瀑布还要高出 30 米，一年四季水量充沛，气势雄伟，像在永不停息地演奏着一曲感天动地的"英雄交响乐"。

最刺激的还属穿越瀑布，这也是景区最为精彩的一处景点。穿越瀑布就是从瀑布水帘的后边由左向右横穿过瀑布，既刺激又让人胆战。为了不留遗憾，我们也准备好了雨衣、鞋套把全身武装起来，壮着胆子奔向瀑布水帘，有如钻进狂风暴雨中。

瀑布的激流形成的风不亚于十级风暴，任凭怎样躲闪，瀑布总是万般热烈地与你亲密接触。瀑布淋得人喘不上气，浇得人睁不开眼，轰隆隆的瀑布声震得人心惊胆战。出了瀑布，整个人如落汤鸡，一身狼狈。也许，穿越了第一次，大概没人再想第二次。

离开穿越瀑布，我们来到了观瀑台。站在观瀑台上仰望瀑布，瀑布如一条条白色的布帘直垂谷底，绝壁夹天，深潭无底，气势磅礴。瀑布溅起的晶莹剔透的水珠落在脸上、身上，如沐春风。有游客称赞说："朝游白果树，一山日头一山雾；午游白果树，一身凉爽一身舒；暮游白果树，一片晚霞一片露。"

游过三峡瀑布的人，无不为它的雄浑、壮美和曼妙的身姿所折服。景区内重峦叠嶂，洞穴幽深，碧流潺潺，瀑布飞泉，云蒸雾绕。三峡大瀑布那如诗如画的自然景观，令多少游人陶醉于其中。

三峡大瀑布，恍如人间仙境，是你不得不去的好地方。

小贴士：

亮点：三峡大瀑布（原名：白果树瀑布）景区位于晓峰旅游景区中，以天然瀑布群和峡谷丛林风光闻名，是集迷人风光、民俗文化、水上娱乐、旅行探险等多种休闲功能于一体的神奇峡谷。

交通：宜昌市区在夷陵广场乘坐 B100 路至终点站夷陵客运站，在夷陵客运站换乘至三峡大瀑布客运班车即可。

自驾游：武汉—沪蓉高速—312 省道—三峡大瀑布风景区。

三峡大瀑布风景区管理处电话：0717-7958581。

营业时间：8：00—17：00。

购物：金谷超市便民服务中心、万富超市（黄花店）、恒兴商贸等。

饮食：农晏农家饭庄、惠玲酒楼、小哥农家乐、凤还巢食府等。

特产：清江坪茶叶、萝卜饺子、夷陵春卷、金箍条等。

7. 车溪，聆听自然天籁之音

景区：三峡车溪土家族民俗旅游区

地址：宜昌市点军区土城乡车溪土家族自治村

景区主题：峡谷

景区指数：★★★★★

推荐指数：★★★★★

十里车溪，十里画廊。

车溪，一个恍若仙境的世外桃源。多年前，我就对车溪这名字早有耳闻，对于车溪的景色，我向往已久。和朋友来了宜昌旅游后，车溪是我们游玩的第四个景点。在去的路上，我们对车溪充满了期待。

车溪山灵水秀、民风古朴，这里满山翠绿，洞奇泉飞。它远离城市的高楼大厦，车流人海的喧嚣，让游人闲庭信步，尽情饱览美好的田园风光，在崇山峻岭中感受山灵野性之气，聆听自然天籁之音。

我们一路上掠过拥挤的市区，长时间行驶在城乡公路上，透过凉凉的清风，我知道我们到了夷陵长江大桥。再南行二十几千米，便到"梦里老家"车溪。远看群山绵绵不绝，望不见尽头，云雾缭绕，有如一幅美丽生动的画卷。

没过多久，我们就到了车溪风景区大门口。门楼上方书写有"车溪"两个大字，左边写有"重拾野趣"，右边写有"返璞归真"。远远看去，门楼庄严、古朴，在蓝天白云下，散发着浓厚的人文气息。

我们停好车后，径直穿过大门。进入景区内，水车、碾磨随处可见，其在农家的发展历史中有着举足轻重的地位，车溪也是因为水车众多而得名。

沿着溪水而上，我们首先来到了中国最大的古作坊展示区——巴楚故土园。进入园内，古老的风车、凉亭、平瓦房等映入眼帘。在这里，我们一一参观了古造纸作坊、土陶作坊、印染作坊、豆腐作坊等各式作坊，亲眼目睹"竹子变成纸，泥巴变成陶，苞谷变成酒"的制作过程。看到这些，你就会想到中国的"四大发明"、中国文化的源远流长。如果你想全身心感受一下古代劳动人民的别样生活，不妨亲自动手，去体验一下操作的全过程。

车溪风雨桥

　　参观完巴楚故土园，我们接着来到了三峡民俗第一村。走进三峡民俗村的第一感觉，就是感受到了巴楚文化的博大精深和原汁原味的土家风情。三峡民俗村依山就势而建，与腊梅峡相邻，亭台楼阁、青山绿水，漂亮至极。

　　在三峡民俗村，我们看到了原汁原味的土家吊脚楼，看到了原生态的土家歌舞表演，看到了车溪不一样的生活习俗。这里的一切熟悉又陌生，像是回到了自己小时候的场景。

　　我们边走边欣赏。如果时间来得合适，这里还会举办有土家族特色的篝火野趣晚会、土家祭神仪和或砸土砖等活动，让你尽情享受土家族的民俗风情。

　　看完了故土园，我们来到了腊梅峡。腊梅峡长3千米，山中有山，峡中有峡，幽谷泻清泉，两岸尽梅花。那一刻，我们被大片大片的野生腊梅深深吸引。腊梅是我国古老的名花之一，其花郁香浓、气度超凡。唐宋八大家之一的欧阳修，曾写有诗句："西陵峡口折寒梅，争劝行人把一杯。须信春风无远近，维舟处处有花开。"

我们观赏着腊梅那种美而不俗的纯朴自然之美，是腊梅散发出的那种天地灵气，造就了车溪一方净土。因为腊梅的缘故，我浮躁的心沉静了下来。此时此景，也让我联想到了一首诗，"疏影横斜水清浅，暗香浮动月黄昏……"

出了腊梅峡，我们乘坐缆车来到了天龙云窟。当我们爬上山顶时，映入眼帘的就是那个洞，洞分两层，上为"莲花"，下为"小小水帘"。上洞内莲台奇生，内有深潭；下洞门上，因从山顶流下的瀑布而形成了一幅漂亮的"门帘"。在天龙云窟中，给我印象最深就属那个小小水帘洞了。

我们小心翼翼地走进了洞中，洞内较潮湿、黑暗，有七弦琴、珊瑚群、金盆洗手等景致。在洞内，有一块看似仙桃的石头引起了我的好奇，这块石头在灯光的照耀下像极了仙桃。我想，也许是孙悟空当年偷吃王母娘娘的蟠桃时不小心掉下来的吧？

出了这个小小水帘洞，让我眼前豁然开朗。山清水秀，峡谷溢香，充满了诗情画意。游玩的途中，车溪景区的雄峰、奇洞、飞瀑、清泉等景观随处可见。

水车悠悠，溪水淙淙。置身车溪，你会感到空气中飘荡着满谷的乡土气息；置身车溪，你会感受到车溪的幽静之美；置身车溪，你还会忘了时光的流淌。车溪的那种天然美，那种民俗风情，常常让游人流连忘返，陶醉于其中。

车溪，一个恍若仙境的世外桃源。她，一直在等着你的到来。

小贴士：

亮点：车溪山灵水秀、民风古朴。这里满山翠绿，洞奇泉飞。它远离城市的高楼大厦、车流人海的喧嚣，让游人闲庭信步，尽情饱览美好的田园风光，在崇山峻岭中感受山灵野性之气，聆听自然天籁之音。

交通：在宜昌，可在海通客运站乘"宜昌—土城"的专线车直达三峡车溪风景区。

自驾游：武汉—沪渝高速—翻坝高速—虎周公路—三峡车溪土家族民俗旅游区。

三峡车溪风景区管理处电话：0717-6488737。

营业时间：8：00—17：00。

购物：宜化超市（车溪店）、永龙商店、百货超市、惠友购物广场等。

饮食：柴溪农庄、姐妹家常菜、翰林酒家、佬食堂（土城乡卫生院东）等。

特产：邓村绿茶、泉水红肉蜜柚、肥鱼、三游神仙鸡等。

第八章
咸宁 天香之城，楠竹桂花第一乡

　　咸宁，一座驰名中外的香城泉都，它坐落在长江之滨，如一颗璀璨的明珠。它历史悠久，人杰地灵，山川秀丽，花香竹翠，素有"桂乡百里溢馨香"之称。

1. 九宫山，云雾裹挟着的大山

景区：九宫山风景区

地址：湖北省通山县九宫山风景名胜区笔架山路 8 号

景区主题：山峰

景区指数：★★★★★

推荐指数：★★★★★

"匡庐天下秀，钟灵数九宫。"

去过九宫山的人，都知道这首诗是对九宫山景色的真实写照。你去过之后，就会惊讶于世间还会有如此美景。如果你是一个文字爱好者，就会觉得这辈子所学的知识都不够用，因为你会词穷到再也找不出什么美句来描绘九宫山奇秀的美景。

九宫山，这个被游客誉为"九天仙山"的名山，它既有江南山峰之奇秀，又有塞北岭岳之雄、险、奇、幽、秀等绝景，早已在全国家喻户晓。九宫山内奇峰耸立，幽谷纵横，飞云荡雾，古木参天。为了一睹真容，我约上了几个爱好旅游的同学一起登上了九宫山。

那天清晨，我们一早就从家里出发，因为我们在邻市，所以路途不算远。一路上，我们欢声笑语，行驶在乡村道路上，观看着碧绿的山脉和田间劳作的人们。

九宫山大门口留影

两个小时后，我们就到了九宫山脚下。穿过庄严、古朴的景区大门，我们一路前行。九宫山境内的盘山公路真是九曲十八弯，又绕又险，弯道非常之多，一般的车子上这山可能较吃力。

没过多久，我们顺利到了云中湖。我们停好车后，找到了预订好的酒店。进入客房后，客房内是没有安装空调的，不愧为避暑胜地。因为我们是四月初的一个周末过来的，本身也很凉快。

放好了行李，就开始游玩了。我们漫步在云中湖上，周围四峰五岭环抱，湖边的亭台楼阁点缀在其中。碧绿的湖面上，几片树叶在水中荡漾。云中湖因其在峰顶耸入云层天际，常有雾团飘于湖面上而得名。云中湖蓄水量100多万立方米，最深处35米，是国内海拔仅次于新疆天山天池和长白山天池的高山湖泊。人来此，有如置身于仙境。

不知不觉中，我们走到了道教圣地——瑞庆宫。钦天瑞庆宫距今已有800年左右的历史，宫殿正门正对着云中湖。钦天瑞庆宫是御制派的主要宫观，其开创者是张道清，他在九宫山兴坛设教，使九宫山成为道教名山之一。

瑞庆宫曾屡遭损毁，如今重建后的瑞庆宫，依次建有灵官殿、祖师殿、妙应殿、三清殿、财神殿等，外观看上去规模宏大，形象壮丽。宫观依山就势，建在崇山峻岭中，周围围绕着参天大树，刚好与云中湖、山峦交相辉映，在蓝天白云下，显得庄重、肃穆。去这游玩时，可以去喝一杯道长泡的茶，听一听瑞庆宫的历史和传说。

出了宫殿，我们坐上了一辆去山顶的绿色小巴，去往山顶的路更加曲折，路也非常窄，很考验驾驶员的技术。十几分钟后，我们到达了山顶铜鼓包，铜鼓包也叫铜鼓峰，是九宫山的主峰，距云中湖 4.7 千米，海拔 1583 米。因其峰顶极像一只巨大的圆鼓，山体中富含云母，在阳光的照射下呈铜色，故名铜鼓包。

铜鼓包景区有两个入口，我们从西口进入景区，路边一块巨大的石壁吸引了我的注意。只见石壁上藤萝缠绕，翠树倒生，俨然一块天然画屏。再往前走，前方是两座山峰，一左一右，中间只留有一条小路通行。

迎客松留影

我们继续往前走，经过鸳鸯石，来到了云飞栈道。云飞栈道依山势而建，一边是深谷，一边是悬崖。石阶高而窄，一共有 200 多级。看到这，让我想到了诗仙李白写的"蜀道难，难于上青天……"当我们攀爬在上面时，有种像行走在云端飘飘欲仙的感觉。

爬过云飞栈道，经过一个石洞，我们到了一线天。一线天是九宫山最为雄奇险峻之处，在铜鼓包和风车口这两座高出千米的山崖之间，形成狭长的陡峭深谷。越往里走，越感觉峡谷森森，有点胆怯。当我们行走在谷底时，抬头仰望高空，唯见一线蓝天，这是两山对峙造成的奇景。

游玩到此处时，已是下午 5 时许，我们只好下山去了。第二天一早，我们就守候在云中湖看日出，当一轮红日慢慢升起时，此时此景，使我们惊叹。湖面之上，云雾缭绕，仙气腾腾，在红日的衬托下若隐若现，真是太美了。

九宫山

看完了日出，我们就去了石龙峡索道，当我们乘坐上索道时，心情很兴奋。树木茂密，山峦叠翠，当索道慢慢升起时，整个峡谷也逐渐露出了真容，有一种"一览众山小"的感觉。四周被青山绿水所环绕，景区内千奇百态的山石构造出了奇妙的林海山石的美景图呈现在世人眼前。

下了索道，进入石龙峡。首先，一排长长的走廊映入眼帘。四周碧绿滔天，瞬间进入曲径通幽的宁静。我们沿着弯弯曲曲的林荫小道往前走，途中看到亭台楼阁、小桥流水，别具一番神韵。

九宫山上，可以说是处处是景，群山叠翠，连绵起伏，云中湖被环绕在山峦中，真乃山清水秀。上九宫山，春可赏花，夏可避暑，秋赏红叶，冬可领略北国风光。九宫山集山清、水秀、泉温、洞奇、飞瀑五绝于一体，让游人置身于山水画中。

九宫山，绝对值得你一游！

小贴士：

亮点：上九宫山，春可赏花，夏可避暑，秋赏红叶，冬可领略北国风光。九宫山集山清、水秀、泉温、洞奇、飞瀑五绝于一体，让游人置身于山水画中。

交通：从咸宁长途汽车站乘坐客车到通山县，再在通山县坐班车直达九宫山风景区。

自驾游：武汉—青郑高速—京港澳高速—蕲嘉高速—咸通高速—209 省道—106 国道—九宫山风景区。

九宫山风景区管理处电话：0715-2065555。

营业时间：8：00—17：00。

购物：华润超市（和平店）、九宫平价超市、九宫山超市、隆盛商场等。

饮食：九宫大饭店、琼林阁、天宫酒楼、燕子酒店等。

特产：杨芳豆豉、燕厦熏鱼烤、通山麻饼、天梯板栗等。

2. 三国赤壁古战场，壮阔秀美的大江东流

景区：三国赤壁古战场风景区

地址：湖北省赤壁市赤壁镇三国赤壁古战场

景区主题：古建筑

景区指数：★★★★★

推荐指数：★★★★★

"大江东去，浪淘尽，千古风流人物……"这首流传千古、脍炙人口的诗句，勾起了多少人对三国英雄人物的遐想。千年过后，剩下的只有断壁残垣。如今的遗址，又让多少后来人去争相遥望……

三国吴楚地，赤壁古战场，不到赤壁，焉知三国兮？从小我就是一个三国迷，赤壁虽然离得近，但一直未能成行。为了能在三国遗址走上一遭，在几年前，我特意调休了几天假期，一家三口去了三国赤壁古战场，也算是圆了自己的三国梦。

那天上午，晴空万里，我驾着车，风尘仆仆就出发去往赤壁古战场，一路上难掩激动的心情。途中路过青山绿水，田园风光也没心情欣赏，因为内心早已飞向了百里之外的赤壁古战场。

两个小时的路程，说长不长，说短也不短，我们顺利到达了通山县的赤壁古战场。城门一样的门楼，上书写有"三国赤壁古战场"7个大字，门楼古色古香，散发着浓厚的历史气息。停好车，买好票，我迫不及待地带着家人走了进去。

三国赤壁古战场

进去后，首先映入眼帘的是神武台，传说是周瑜当年赤壁之战时点将的地方。神武台长26米、宽8米、高12米，外观看上去雄伟、壮观。在这神武台上，景区每天安排有"周瑜点兵"等节目，再现了当年赤壁之战时的恢宏场面。

我们沿着青砖小道往前走，快走到钟鼓楼时，道路两旁的旗帜随风招展，给人一种威严、肃穆的感觉。我们拾级而上，楼上悬有一口大铜钟。这口钟在古代主要用于报时，同时作为朝会时礼仪之用，如今则演变为祈福之场地。

下楼后，我们经过弯曲的青石台阶，来到了凤雏庵，这里是庞统隐居的地方，重建于清道光二十六年（1846），原为九重大殿，今仅存最上一重。走进庭院，四周绿荫掩映，古木参天。凤雏庵一共三间，第一间供奉有庞统的塑像，第二间为图书馆，第三间为接待、休息室。在凤雏庵的右边，有一个门牌上写有"绝甘分少"四个字，据传是赤壁之战时诸葛亮题赠给庞统的。

在凤雏庵还有一处最为吸引人的地方，那就是庵前的一棵千年古树。此树高数十米，主干挺拔，枝繁叶茂，甚是壮观。相传此树为当年在此隐居的庞统亲手所植，有1800多年的历史，被当地人视为金鸾山的镇山之宝。

我们继续往前，爬上了那不算高的南屏山。南屏山是一堵绿色的屏风，一年四季葱绿浓郁，风景如画。山上有一座武侯宫，这就是著名的"拜风台"，诸葛亮就是在此祭出东南风，极大地辅助了周瑜。

站在山顶上，望向滚滚的长江水，心中感慨万千。千年已过，当年赤壁之战的硝烟早已消散，展现在眼前的是青山壁立，日月星辰。看完了拜风台，我们依依不舍地走下了山。下山后，看到了雄伟的赤壁大战陈列馆，赤壁大战陈列馆是我国第一个以战史为主题的专题陈列馆，陈列馆分为三个展厅，里面陈列了一些出土文物、文史资料图片及影像等。我们观看后深受震撼，因为它基本上再现了赤壁之战的场景。

离陈列馆不远，我们到了战场的前沿阵地。空旷的空地四周建有坚固的前沿观察哨所和指挥所。看到这一切，仿佛亲临赤壁之战，看到将士们擂鼓震天，听到呐喊声响彻大地。

我们继续往前走，看到了一尊周瑜的巨大石雕像独立于苍穹之中。雕像高8.58米，由26块花岗石雕砌而成，是湖北省最大的人物石雕像。只见雕像的周都督身披战袍，头戴战盔，手持一柄利剑，目光炯炯。它充分展现了周都督当年雄姿飒爽，血气方刚的英雄身姿。

从指挥所顺台阶而下，我们看到了临江悬崖上刻的"赤壁"两个大字。我们站在滔滔长江水边遥思，任凭江风吹乱了头发。据传，当年赤壁大战之时，孙刘联军火烧曹军战船，江面一片火海，把江边崖壁映得通红，曹军大败。在孙刘联军庆功宴上，酒酣之余，周瑜提剑在崖壁上刻下"赤壁"二字，虽然历经了千百年长江水的冲刷仍然笔锋犀利而流传千古。

游完了三国赤壁古战场后，我加深了对三国时期的了解。游玩三国赤壁古战场，就是在看一部精彩绝伦的历史巨作。此刻，让我联想到了唐代诗人杜牧写《赤壁》的一首诗："折戟沉沙铁未销，自将磨洗认前朝。东风不与周郎便，铜雀春深锁二乔。"

小贴士：

亮点：三国赤壁古战场是赤壁之战发生地，现位于湖北省赤壁市西北长江之滨的南岸，是我国古代"以少胜多，以弱胜强"的七大战役中唯一尚存原貌的古战场。

交通：从武汉乘坐班车或火车到达赤壁市后，乘坐 2 路公交到达客运站后下车，再乘坐班车前往赤壁镇到达三国赤壁古战场景区。

自驾游：武汉—青郑高速—京港澳高速—214 省道—三国赤壁古战场景区。

三国赤壁古战场景区管理处电话：0715-5788888。

营业时间：8：00—17：00。

购物：百联超市（赤壁店）、和平超市、富迪超市（乌林店）等。

饮食：鱼王酒店、桃园鱼馆、文昌酒楼、华鹏酒楼等。

特产：赤壁竹笋、赤壁猕猴桃、赤壁肉糕、赤壁鱼等。

3. 隐水洞，神秘的地下明珠宫殿

景区：隐水洞地质公园

地址：湖北省咸宁市通山县大畈镇

景区主题：洞穴

景区指数：★★★★★

推荐指数：★★★★★

在我们游玩了三国赤壁古战场后，第二天就赶去了"华中最美的溶洞"，这个溶洞是我见过最美、最神秘的地方，堪称一绝。

溶洞全长5180米，洞体规模宏大、气势雄伟。洞内景观丰富多彩、奇特壮丽，其独特的岩溶地貌，造型之逼真，体积之巨大，在洞穴中都是罕见的。被游客誉为"神秘的地下明珠宫殿"。

我们是在上午10点左右到达隐水洞的，停好车后，就来到了隐水洞洞口，只见假山上赫然写着"隐水洞"3个苍劲有力的大字，看上去显得气势

隐水洞留影

雄伟。洞外有一个小湖，湖水微波轻漾，并向洞口缓流。洞顶高约十余米，无数细流自崖顶飘坠湖面，激起无数浪纹。

　　进入洞中，有几分寒气袭人。检完票后，我们行走在路上，准备去乘船。洞穴里面在五彩灯光的映照下真是太美了。行走中看到河流倒映着千奇百怪的钟乳石，恍如仙境一般。没走多远，心情豁然开朗。站在一个洞顶高达30多米的洞中，沿着洞深望去，一眼看不到头。

　　据介绍，隐水洞的游览分三部分：上游1/3乘船观光，中游1/3乘小火车游览，下游1/3步行。泛舟可以聆听地下河的涛声和感受洞穴的神秘；乘小火车可以体验洞中快速移步换景的独特魅力；步行可以零距离接触古老而神奇的岩溶地貌。隐水洞独特的游览方式让人耳目一新。

　　我们坐上船后，从水路缓慢向前航行。一路上，心情愉悦，洞里幽深秀丽、神秘莫测。看到洞中有各种石钟乳、石笋、石柱，造型千姿百态，或群立，或孤悬，或如飞瀑流泻，或如白浪滔滔，或如万柄利剑倒悬。这些情景看后让你啧啧惊叹、称奇。

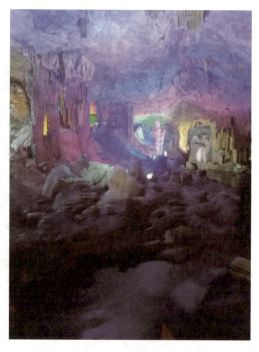

隐水洞

随着小船荡悠悠地前进着，一会儿我们就来到了第一关——正阳关。首先，映入眼帘的是一对形同父子的石柱，深深吸引了我的注意。这石柱还有一个美丽的传说。相传是一位头戴盔甲的将军的儿子站立守护着正阳关，而身为将军的父亲已走在回家的路上，不时回头望着他的儿子。

我们继续前行，在中途观赏了"仙人护航""送子娘娘"等景点，但其中一根极似石笋的石柱，引起了我们的兴趣。它的模样活像一只将要跳出水面的鲤鱼，形象逼真，这也许是人们常说的"鲤鱼跳龙门"吧。

不知不觉中来到了第二关——龙门关，沿途中又观看了"神靴仙桃""讲解椭圆形洞道成因"等。但对于"神靴仙桃"，还有一段传说。

相传，当年孙悟空大闹蟠桃会后，他自知闯了大祸，背起御酒和仙桃闯出南天门，直奔花果山。但醉意袭来，不由自主地落下云头，来到了隐水南山。他脱下了靴子，拿出了一个仙桃，正欲品尝时，忽听天鼓大作、电闪雷鸣，抬头一看，云层中天兵天将向他追来，匆忙间，他丢下仙桃驾云而去……

作者妻儿在隐水洞景区留影

再往前走，我们来到了腾龙坝。腾龙坝是国内目前唯一一个能在洞内乘船越坝的旅游项目，一次可通行五六艘小船。船下的水清澈见底，而两岸的石笋、石乳、石柱络绎不绝，十分壮观。

大约过了十几分钟后，我们下了船，步行来到了第三关——山门关。据介绍，山门原意是佛家寺庙的大门，过了此关，意为进入了智慧之门，今后能够少生烦恼，到人间乐土享福。

没走多久，就看到前面一个古钟，这就是有名的寒山寺古钟，"姑苏城外寒山寺，夜半钟声到客船"。这口钟很特殊，需要你用心去感受，去聆听那钟声的悠扬。我们一路上很享受隐水洞处处是景的感觉，真可谓是"三步一岩，五步一景，十步一变"。

再往前走，看到一个银色瀑布。在这里还能见瀑布，让我们一度很兴奋。瀑布是由从大坝落下的水形成，洋洋洒洒一泻数丈。在瀑布的另一边，整个洞壁为流石所覆盖，形成一道美丽的金色瀑布。虽为瀑布，一落千丈，却悄无声息，刚好与银色瀑布互相映照、烘托，构成一幅美丽的山水画卷。

游完隐水洞后，内心一度还停留在美好的时光里。它不但向世人展示了大自然的神奇瑰丽，还让我们领略和触摸了奇妙的地下世界。隐水洞内有山，山中有洞，水瀑相接，移步换景，让游客流连忘返。曾有游客写有《隐水洞记怀》的诗句："灵山佳境秀通州，天赐奇洞隐水流。今日身临裳神工，终年不枉品此游。"

小贴士：

亮点：溶洞全长 5180 米，洞体规模宏大、气势雄伟。洞内景观丰富多彩、奇特壮丽，其独特的岩溶地貌，造型之逼真，体积之巨大，在洞穴中都是罕见的，被游客誉为"神秘的地下明珠宫殿"。

交通：在咸宁客运站乘大巴去通山县，再在通山县乘车直达隐水洞地质公园。

自驾游：武汉—京港澳高速—咸通高速—杭瑞高速—隐水洞地质公园。

隐水洞地质公园管理处电话：0715-2750888。

营业时间：8：00—17：00。

购物：武商量贩（通山店）、家乐福超市、佳惠康超市（月亮湾店）等。

饮食：富水湾农庄、红高粱农庄、清水鱼庄、隐水农庄等。

特产：通山香榧、杨芳豆豉、通山麻饼、慈口橘橙等。

第九章
随州　神农故里，探寻华夏始祖

　　随州，古称"汉东之国"，以"古、奇、美、新"而著称，为全国历史文化名城。地处长江流域和淮河流域的交汇地带，素有"汉襄咽喉""鄂北明珠"之称。据史籍记载、考证，华夏始祖炎帝神农氏就诞生在随州烈山，因此随州烈山已成为海内外中华儿女寻根问祖的圣地。

1. 炎帝神农故里，中华儿女寻根谒祖

景区：炎帝神农故里风景区

地址：湖北省随州市厉山镇炎帝故里风景区

景区主题：故居

景区指数：★★★★★

推荐指数：★★★★★

在一次青年节时，公司组织活动，我们20多人一起去了远在100多千米开外的随县炎帝神农故里。我才知道炎帝神农故里在湖北省内，此行也加深了我们对炎帝神农的了解、认识。

一路上，车子飞奔在城乡公路上，路过山峦，也看到田园劳作的人们。对于这次活动，我内心充满了期待。内心不停地幻想着炎帝神农的样子，也许高大严肃，也许和蔼慈祥，也许……

两个多小时路程，很快就到了炎帝神农故里风景区。这天天气凉爽、晴空万里。一进景区，左边有停靠的环保电瓶车，为了更好地观赏，我们一群人选择了步行。进去后，感觉景区内挺安静，游客不是很多。

首先，映入眼帘的是一个大型的文化浮雕。石板上雕刻了一些看不懂的几何抽象图案。再往前走，看到一面照壁，上面写有"炎帝神农故里"6个苍劲有力的大字，据介绍是中国书法协会原主席沈鹏先生所题写。

没走多远，就看到一汪碧绿的湖水，平静的湖面上，波光粼粼。在前面有一座桥，名叫九拱桥，九拱桥横跨烈山湖，将景区入口和神农大殿连接起来。桥的栏杆、柱头上的图案花纹均采用古朴、庄重、浑厚的风格，来表现

上古时代的人文精神。

我们走过这座桥就到了华夏始祖门，远远望去，始祖门高大、厚重，散发着一种浓厚的早期农耕时代的气息。穿过始祖门，就到了圣火台，圣火台是为了纪念炎帝将火用于农业生产的功绩而建造的。

观看了圣火台后，我们爬上了七步登天台。七步登天台有49级台阶，两边旗帜飘展，我们爬上去后就到了谒祖广场。谒祖广场两边摆有盛世和谐鼎，采用青铜铸造，两只鼎分别雕刻"盛世""和谐"，寓意国运昌盛，人民幸福安康。

走进广场，8根神农文化图腾柱吸引了我们的注意，柱高9.9米，柱身刻有浮雕，顶部雕刻盘龙。这8根功绩柱分别展示了炎帝神农的主要功绩。谒祖广场正前方就是炎帝神农大殿，一眼望去，炎帝神农大殿显得气势恢宏、古朴典雅。

在炎帝神农大殿正前方有一个长方形的香炉，香炉上青烟袅袅。我们缅怀始祖，一起走进了大殿。在大殿中央，炎帝神农的巨像盘坐在中间，他双目有神，慈祥中不失威严。他手捧麦穗遥望远方，仿佛在保佑我们祖国大地风调雨顺、五谷丰登。这一刻，我们默默地念道："我们共同的先祖，您的后裔来了……"

我们为炎帝献上三炷香，祈祷保佑我中华昌盛。拜祭完毕，我们出了大殿，沿着旭日园方向边走边观赏。没过多久，经过一个木栈桥，最后来到了广场东边炎帝神农雕像前。

炎帝神农雕像

炎帝神农雕像位于神农文化广场正中央，真是太高大了。从远处看，雕像立于崇山峻岭之巅，四周浓荫茂密的树木紧紧把炎帝神农雕像围绕在其中。

从近处看，只见炎帝神农慈眉善目、满脸微笑，左手持一束稻穗，右手拿两朵灵芝，两腿之间放着一只竹筐，里面装满他亲手采回的药草。这正是炎帝神农奠农、工、医药基础，创造了灿烂文明的体现。

当我们游玩至此时，听说在炎帝神农雕像斜背面，有一座古老的寺庙叫万法寺。万法寺是随州古代名刹、佛教圣地之一，有"百川汇海，万法朝宗"之誉。它始建于唐贞观二十二年（648），距今已有1300多年。可惜时间有限，没有去成，因为公司带队人员正在大喊让我们集合。

游完了炎帝神农故里，我感慨良多。在这里，不仅可以寻根谒祖，还能享受景区的自然风光。景区内群山攒簇，沟壑纵横，树木茂盛，风景优美，烈山湖倒映的亭台楼阁，会让你久久地陶醉于湖光山色之中。

作为中华儿女的我们很自豪，四海为一家，共圆中华梦！

小贴士：

亮点：游炎帝神农故里，探寻"农耕文明之根"。在这里，不仅可以寻根谒祖，还能享受景区的自然风光。景区内群山攒簇，沟壑纵横，树木茂盛，风景优美，烈山湖倒映的亭台楼阁，会让你久久地陶醉于湖光山色之中。

交通：在随州市可乘坐503路公交车到老街路口站下，即到炎帝神农故里风景区。

自驾游：武汉—汉蔡高速—京港澳高速—福银高速—炎帝神农故里风景区。

炎帝神农故里风景区管理处电话：0722-3339333。

营业时间：8：00—17：00。

购物：物美超市、信德便利超市、炎帝购物广场、神农购物广场等。

饮食：大众酒楼、方缘酒楼、炎帝美食广场、吴名氏烧烤等。

特产：随州古银杏、随县葛粉、随州蜜枣、随州油桃等。

2. 大洪山，楚北天空第一峰

景区：大洪山风景区

地址：湖北随州市曾都区长岗镇

景区主题：山峰

景区指数：★★★★★

推荐指数：★★★★★

在好些年前，我因一次偶然的机会去过一次大洪山景区，那也是我迄今为止去过的最高的山峰了。大洪山主峰宝珠峰海拔1055米，垂天而挂，耸入云霄，素有"汉东地阔无双院，楚北天空第一峰"之美称。

大洪山，横卧在鄂西北境内，它连接江汉，蜿蜒荆襄，山峦起伏，沟壑奇错，是佛教南禅宗曹洞宗的发祥地。景区内的自然风光如诗如画，如果想更好地欣赏大洪山的风景，可以在大洪山留宿一晚。

我还清楚地记得，我与同学一起坐车去的大洪山景区。一提起大洪山，我的同学就嘴角上扬，因为他老家是随州的，大洪山在他们境内，家乡有此国家级风景区，这让他们相当自豪。

我们去的当天，天公不作美，飘起了毛毛雨。虽然如此，也没有影响到我们畅游景区的热情。去的路上，我的同学还兴奋地跟我讲起了大洪山的"大洪"二字的典故。据传，在唐朝时，有一人叫张百忍，在此山中结草庐修真，法号慈忍，颇灵异。有一年大旱，大地干涸，四乡之民请慈忍禅师求雨。随即他登上山顶，向天求祷，竟然大雨倾盆而下，山洪暴发，势大凶猛，后人为了纪念慈忍显灵，就将此山称为"大洪山"。

大洪山金顶

　　因交通不便，我们颇费周折才到达了大洪山脚下。在游客中心买好票后，我本打算攀爬到大洪山主峰大慈恩寺，但一听同学讲有千余米高，心生畏惧就放弃了，选择乘坐景区的观光车上山。

　　上山的路可以说是十八弯，又陡又险。山林茂密，山脉盘旋，云雾缭绕，好似行驶在山巅云端。没过多久，就到了大慈恩寺，大慈恩寺整个建筑群依山而建，以大雄宝殿为中心，呈十字形，中轴线主体建筑由山门、天王殿、大雄宝殿、法堂依次展开。远远望去，整个建筑群显得磅礴大气、错落有致。大慈恩寺门前的照壁上写有"楚山望刹"4个大字，据介绍为该寺方丈印顺大和尚所题写。

　　我们走进大慈恩寺，在室内全部游览了一番，摆放的各种神像，刻画得十分逼真。看了许久，在同学的催促下，我们直登金顶，一眼望见面前一座金光闪闪的寺庙，顿时惊呆了我们，感觉太不可思议了。

　　站在金顶上，微风拂面，心旷神怡，整个大洪山的景色尽收眼底。放眼远眺，四面群山围绕，山间云雾弥漫，真是美如仙境！我们在上面玩了许久，才依依不舍地下了山。

下山后，我们来到了洪山禅寺，这里一片宁静。在未到前，远远就看见一棵千年银杏树，那树实在太大了。在我的记忆里，我一直以为我们大泉张那棵千年古树才是最大的，万万没想到这棵树还要大得多。

这棵千年银杏树，据介绍，树高近30米，树干粗围8.2米，直径2.61米。传说是建寺院时和尚栽种的。千年银杏树的树枝上，挂满了游客祈福的卡片。

看完了千年银杏树，我们就走到了洪山禅寺。洪山寺的外观全是一致的青砖黄墙，看上去古朴、典雅。山门前有两个石狮镇守，很是威严、凶猛。走进去后，里面很静谧，没什么游客。四处看了一会，我们一人敬了一支香后就离开了。

离开洪山寺，我们就爬剑口。在去剑口的路上，我们看到了洪忍大师的舍利塔，一株枫树和一株翠柏在塔顶相依而立，任凭风吹雨打也不曾倒下。我们继续往上爬，赤脚蹚过了一条小河，水流较缓，清澈见底。一会儿，就看到陡峭的巉岩石上，瀑布飞泻而下。刚好与横卧的乱石、苍劲的青松互相映衬，构成了一幅美丽、清秀的山水画卷。

游玩到此处时，我们小憩了一会，又赶去了两王洞。在攀爬两王洞的途中，已累得气喘吁吁。但我们转念一想，马上又能欣赏到独特别致的两王洞时，身上的疲惫感瞬间一扫而光。

当我们攀爬到两王洞前时，很佩服自己的毅力。两王洞是一个天然的大溶洞，大门做得很简易，在斋公岩东南面。据传因西汉末年绿林军起义首领王匡、王凤曾在此一带屯兵而得名。我们迫不及待地走了进去，一进入，一阵凉意袭来。

我们借着洞内的灯光向前慢慢行走，洞内各种石钟乳玲珑剔透，色彩丰富，形象逼真。当我们进入第一厅，空间非常大，好像可以同时容纳几千人。两王洞因岩性、构造、水流及地壳运动等复杂因素而形成的喀斯特地貌，像是迷宫。洞连洞，洞复洞，洞洞有景，众多的景色令我们目不暇接。

最为吸引我的是第二厅的罗汉堂，因为此厅内有众多的顶部圆滑的大小石笋林立，形似八百罗汉。有的罗汉看上去"面目清秀、气质文雅"，有的"温柔娴静、典雅大方"，有的"敦敦实实、神采奕奕"……个个栩栩如生、惟妙惟肖。大洪山的景色比我们想象的还要美。

　　游完了两王洞，意味着我们要与大洪山依依惜别。美丽的大洪山，让我遇见了你的美，你的美让我为你感到骄傲！

小贴士：

　　亮点：大洪山，横卧在鄂西北境内，它连接江汉，蜿蜒荆襄，山峦起伏，沟壑奇错，是佛教南禅宗曹洞宗的发祥地。大洪山主峰宝珠峰海拔 1055 米，垂天而挂，耸入云霄，素有"汉东地阔无双院，楚北天空第一峰"之美称。

　　交通：在随州市客运站乘坐大巴去长岗镇，在长岗镇打车直接到大洪山风景区。

　　自驾游：武汉—汉十高速—麻安高速宜城方向—大洪山东下—大洪山风景区。

　　大洪山风景区管理处电话：0722-4833333。

　　营业时间：8：00—17：00。

　　购物：宏盛超市、鑫源超市、联强新生活超市、宝珠峰金荣百货等。

　　饮食：根据地烧烤、呈祥酒家、老家大锅台、顺景农家乐等。

　　特产：洪山鸡、草店香菇、随州蜜枣、曾都葡萄等。

第十章
黄冈 亭台水榭，美轮美奂似仙境

　　黄冈地处鄂豫皖赣四省交界，吴头楚尾，北枕大别，南临长江。其人文荟萃，大师辈出。境内山川秀美，风光旖旎，胜迹如云，是全国闻名的"板栗之乡""药材之乡""甜柿之乡"。

1. 龟峰山，漫山红杜鹃

景区：麻城龟峰山风景区
地址：湖北省麻城市东 30 千米
景区主题：山脉
景区指数：★★★★★
推荐指数：★★★★★

"人间四月天，麻城看杜鹃。"这是麻城龟峰山景区的一句广告词，如今已响彻大江南北。杜鹃花开的秀节，人见人醉，现在只要一提麻城或龟峰山，人们就会立刻想到那漫山的红杜鹃。

我和同事一起去麻城龟峰山景区是临时起意，主要是为了去看麻城的杜鹃花。因为我们离麻城不太远，所以选择周末前往。我们到达景区大门时，被眼前的景象惊呆了，景区大门口外排起了长龙，都是等待检票进场的游客。

我们排了一会队后，然后跟着大部队一起进山了。我们沿着登山步道前行，先去观赏龟峰山的景点，然后再直接去万顷花海赏花。当我们走了一段路后，就远远看到了被誉为"天下第一龟"的巨型龟头，在蓝天白云下，神龟傲立于苍穹之下。

上山的路上，还能零星碰到做生意的商贩。山道两旁，满目的翠绿，让人倍感神清气爽。没走多久，我们便到了山腰悬壁下的化子殿、升子井，这里便是千年古庙、万年矿泉，好多游客在此小憩。

升子井又名如意泉，奥妙难解，堪称一绝，主要是因为它深不及一尺，却旱而不干涸，涝而不满溢。豆大泉眼，四季长流不断，泉水夏凉冬暖，清甜可口。关于这个升子井还有一个美丽的传说，传说罗田有个青年，20多岁，常年厌食，神经间断性失常，多方诊治，仍无好转，自喝了升子井的泉水后竟奇迹般地痊愈了。

在我们继续爬行的途中，很远就看到一个碧绿的水库，像一颗蓝宝石镶嵌在翡翠之中，真是漂亮至极。我们走了一会儿，在一个山坡前看到了一棵有600多年树龄的迎客松，迎客松枝繁叶茂，盘根错节，苍劲的树枝似张开的双臂，似乎在此热情地迎接远道而来的客人。我们观看了许久，越来越觉得这棵迎客松很有黄山迎客松的风范，不愧被誉为"中原第一松"。

当我们向上爬行时，拐了一弯，又看到了神峰的龟头，似乎正在用力向外伸着。站在此处，我们望向远方，只见外面群山逶迤，山间云雾缭绕，宛如仙境。一会儿我们就到了一个很大的广场，广场上有一块巨石上写有"天下第一龟" 5个大字。

我们走到此处时，没有片刻停留，继续登峰。途中经过了情人洞，感觉情人洞没有什么特别的地方，倒是洞口旁边独有的一枝杜鹃花吸引了我们的眼球，看起来孤芳自傲，有一种特别的美。

快到山顶，路也越来越陡峭。经过一段长长的台阶后，终于到了峰顶，龟峰山因地形山势酷似一只昂首吞日的神龟而得名"龟山"，龟首仰望天空，求福于人间。此时，龟头上爬上去很多人，人多路窄，而且很险。当我们花费了一会工夫成功登上了龟头时，心旷神怡。站在龟头上，有一种"一览众山小"的感觉，龟峰山的景色尽在眼底。一阵微风吹来，山峦的树木间发出层层的沙沙声。

我们站在上面久久不愿下来，从上往下看，太壮观了。一座巨石，凌空而出，像剑一样直插前方。但一想到红杜鹃花海，就赶紧走了下来，继续往前行。一路上，我们经过龙床、能仁禅寺等景点，转过一山头，眼前猛地一亮，直接走到了"杜鹃花海"。

向前方望去，红霞一片，漫布在连绵起伏的山岭上，那就是闻名中外的杜鹃花海。眼前的万顷花海，着实震撼了我们。我们沿着赏花栈道，漫步在花海中……两边坡岭上，杜鹃花姹紫嫣红，千姿百态，深红、粉红、浅红，色彩斑斓。鲜红的杜鹃花与云雾中的大树相映成趣，一近一远，一虚一实，一红一绿，简直美得一塌糊涂。

龟峰山杜鹃亭

一路游览，一路惊叹，杜鹃花海震撼着我们的心灵。闲折两枝持在手，细看不是人间有。在每一处花前，几乎都有游客驻足，拍照留念。一些女游客脸上映衬得通红，有如酒醉一般。有的杜鹃花丛被命名为"杜鹃王子""杜鹃王妃""杜鹃公主"等，名株各异，意趣相殊。

一路山花不负卿，最后我们来到最热闹的"中华花王"。这棵杜鹃花王的神奇之处不仅在于树龄高达 500 岁，而且同一个树苑上同根生长着 56 枝次生枝干，枝繁叶茂，艳丽夺目，十分壮观。眼前的远山、云雾、绿树、杜鹃等，使我们深深地被龟山壮丽的美景震撼到了。

遍岭彤云遍岭霞，天赐麻城杜鹃花。龟峰山，不是一个美字能够形容的。龟峰山上，春可赏花，夏可避暑，秋可摘果，冬季满山银装素裹。如果你是第一次来此观赏杜鹃花，定会毕生难忘。

小贴士：

亮点：麻城龟峰山风景区是一处旅游胜地，春季满山杜鹃似火，兰草花吐幽，是春游的好地方；夏季白天苍松翠竹蔽日，夜晚凉气袭人，是避暑的好去处；秋季山上野果遍地，山下一派丰收景象，正好参与农家乐；冬季满山银装素裹，松涛之声不绝入耳，可尽心探古访幽。

交通：在黄冈可坐车到麻城，再在麻城火车站乘 3 路公交到达市区终点站（麻城商场），到老汽车站（麻城商场斜对面）乘坐到龟峰山风景区的旅游客车。

自驾游：武昌—森林公园—花山—阳逻—团凤—麻城市区—龟峰山风景区。

麻城龟峰山风景区管理处电话：0713-2880001。

营业时间：8：00—17：00。

购物：麻商超市、和平超市、迎宾超店、华联购物广场等。

饮食：旭日升酒家、辉煌酒楼、欢喜酒楼、天悦酒楼等。

特产：东山老米酒、大别山黑山羊肉、夫子河鱼面、麻城肉糕等。

2. 天堂寨，不是天堂胜似天堂

景区：罗田天堂寨风景区

地址： 湖北省罗田县天堂寨风景区

景区主题：山峰

景区指数：★★★★★

推荐指数：★★★★★

天下大别山，美景在罗田。

大别山，小时候只知道它是我们中国重要的革命根据地之一。自从跟我的同学一起去过大别山罗田天堂寨景区后，我改变了对它的认识，它不但是我们革命的摇篮，更是我们旅游避暑的好去处。

大别山横亘中原，逶迤千里。那个向往已久的高峰，海拔 1729.13 米的大别山主峰天堂寨就坐落在大别山主峰风景区境内，一柱擎天，雄奇险峻，气势磅礴，素有"中原第一山"的美誉。为了征服那座高峰，我们当时放弃了索道上山，而是直接攀爬了上去。

那天清晨，我们几个同学一起从黄冈出发，乘大巴去的那里，去大别山目的就是想爬山，看看沿途的风景。一路上，车窗外那绿意盎然的田园、农庄的自然风光很是赏心悦目。

当我们到达罗田天堂寨风景区山脚下时，已是 11 时许了。因为时间的关系，我们也顾不上吃中餐，随便吃了点随身带的干粮后，就开始爬山了。我们沿着曲折的山路一步一步地向上攀爬，心情很是愉悦，沿途都是一些峭壁悬岩、奇松怪石……

天堂寨

　　大约爬了半个多小时，抬头看，崇山峻岭，茂林修竹，山峰已耸入云端；再往下看，山路曲折蜿蜒，又险又陡，有些恐怖。自己爬过后，才知道有多么艰难。现在回头想想，当年刘邓大军千里挺进大别山，与敌军作抗争，是何等艰难。

　　面对巍峨的高山，我们咬紧牙关，继续前行。没过多久，就到了天堂瀑布。瀑布的水清澈透亮，从悬崖直壁上直冲刷下来，发出潺潺的流水声，就像演奏着动人的旋律。

　　我们继续向山林间行走，享受天堂寨的自然风光。经过天堂飞漂时，一些小朋友正在游水嬉戏。我们没有停留很久，只想一步一步地往上爬，冲刺到主峰山顶上。但是后面所遇到的风景真是太美了，不得不停下脚步来欣赏。

　　经过小华山景点时，前面的一组危岩秀峰吸引了我们的目光。峰顶上有几块巨石镶嵌其中，仿佛是天外飞来之物，摇摇欲坠一般。站在上面往下看，显得十分险峻，也许正好验证那句"无限风光在险峰"吧。

　　我们接着往前攀爬，一会儿就到了被人们誉为"天堂三绝"之一的哲人峰。哲人峰是一巨崖峭壁，高约100米，酷似一个硕大头颅。浓眉阔额，高高上翘的鼻梁，丰厚的嘴唇，很像在凝思北望，思考着什么，游客无不为这个"哲人的思考"驻足惊叹。

我们禁不住哲人峰的诱惑，纷纷爬了上去。站在哲人峰顶上，听着松涛阵阵，别有一番风味。望着绵绵千里的大别山，我们内心充满了无限感慨。中国红军在此取得的辉煌成就，我们后人都会铭记于心。

看完了哲人峰，我们继续向上爬。沿途是林荫古树招展，秀峰林立，野花布道。看到满山翠绿，疲惫感也一扫而光，我们加快了爬山的进度。在经过一座连心桥后，我们到达了"群仙聚会"景点。

群仙聚会是景区的精华地带，位于忠义垸沟顶。群仙聚会处奇石云聚，姿态各异，生动活泼，或似虎踞龙盘，或似雄狮长啸，或似孤猴戏野。多姿多彩的群仙聚会，吸纳着天地之灵气，显得超凡脱俗于世间。

我们在群仙聚会处休憩了片刻后，越过高山岭，经过九曲十八弯，最终到达了顶峰。登上来后，我们向着远方山峦大吼了一声："大别山主峰，我们来了……"

天堂寨巍峨隽秀，险峻雄奇，它融庐山之秀、黄山之美、泰山之雄、华山之险于一体。站在大别山主峰上，可以北望中原，南眺荆楚，巍巍群山尽收眼底。极目远眺，白云悠悠，笔架山雄姿若隐若现，九资河倩影如玉带飘舞。此时此刻，我们尽情享受这一刻的空灵，暂时忘记都市的繁华，一脚踏两省，两眼看江淮……

悠久的历史给罗田天堂寨留下了许多人文瑰宝。宋代名相王安石，登临天堂寨时曾写下"沿崖涉涧三十里，高下荦确无人耕。扪箩挽茑到山趾，仰见吹泻何峥嵘"的诗句。众多的古今英才，传奇的风云故事，使这片古老而青春的土地更增光彩。

绿水青山环抱的罗田天堂寨，不是天堂胜似天堂。它的秀，它的美，它的雄，它的险，只为等你来遇见！

小贴士：

亮点：大别山横亘中原，逶迤千里。海拔 1729.13 米的大别山主峰天堂寨就坐落在大别山主峰风景区境内，一柱擎天，雄奇险峻，气势磅礴，素有"中原第一山"的美誉。

交通：在黄冈市可乘大巴车到罗田，再在罗田东门车站打车直接去罗田天堂寨风景区。

自驾游：武汉—武鄂高速—黄鄂高速—沪鄂高速—106 县道—罗田天堂寨风景区。

罗田天堂寨风景区管理处电话：0713-5826088。

营业时间：8：00—17：00。

购物：奇缘超市、万家福超市、今天超市（九资河店）、老实超市等。

饮食：红尘坪饭庄、回味楼、天堂客栈农家风味土菜馆、亦博农家等。

特产：罗田板栗、罗田大别山吊锅、罗田肉糕、罗田手工油面等。

3. 大别山薄刀峰，人间天然的"氧吧"

景区：大别山薄刀峰风景区
地址： 湖北黄冈市罗田县
景区主题：森林
景区指数：★★★★★
推荐指数：★★★★★

才游罗田天堂寨，我们又上大别山薄刀峰，因为大别山上的景色真是太迷人了，当时不忍离去。所以，我们几个人临时决定在罗田留宿一晚，第二天一早就攀爬赫赫有名的薄刀峰。

薄刀峰原名鹤皋峰，其峰高耸入云端，最高点海拔 1408.2 米，在旧时常有白鹤栖息于此，因"鹤鸣九皋，声闻于天"而得名。后因主峰之下卧龙岗形同蛟龙，脊似薄刀，奇松盈立，才改名为薄刀峰。

上过薄刀峰的人，无不认为薄刀峰真美，山峰奇险。薄刀峰景区风景秀丽，气候宜人，森林覆盖率达 90%，年降水量为 1450 毫米，平均气温 16.4 摄氏度，被游客誉为人间的天然"氧吧"。

当我们一早乘车穿过景区大门时，看见大门像城堡一样，造型别致，飞檐翘角，古色古香，门牌上书写有"薄刀峰"三个大字。进去后，瞬间感到阵阵凉意。我们下了车后，就开始爬山了。

爬山之前，我们就查了相关资料。薄刀峰分为三个景区：卧龙岗、锡锅顶、圆梦湖。游玩的路线不一样，沿途的景色也不一样。我们上山也没有特意按景区路线来，只要有好的景点我们都不放过。

薄刀峰

我们沿着溪涧旁的登山道向上爬，两边满目翠绿，树叶间透过斑斑点点的阳光。我们的心情一路大好，爬起山来也不觉得累。可能是我们来得较早，此时游客也不多。攀爬了大概一个小时左右，我们就到了一个山脊，一块巨石上写有"卧龙岗"三个字。

卧龙岗是卧龙风景线主要景点之一，海拔 1350 米，全长约 3000 米。卧龙岗上怪石嶙峋，奇松密布，穴道时现。远远望去，宛如一条飞龙蜿蜒盘卧在山中。我们沿着林间小道，先去逛了下卧龙岗末端东北部的几个景点。

没过一会儿，我们就到了金蟾戏凤。看到有 6 块长扁状自然堆砌的石头，外形很似青蛙，正张大嘴巴，有种气吞山河之势。在青蛙旁边，长着一棵枝曲干粗、梢如扇形的古松。一眼看上去，像一只彩凤，正舒展双翅，欲冲上天空。

继续往前走，到了鹤皋亭。里面是大别山革命史展室，我们进去后随便观看了一下。然后我们继续往东，来到了卧龙岗线之北末端的北斗松处。北斗松由七棵古松组成，形神各异，姿态迥然，很像一个巨大的勺子。据传，这北斗松与天上北斗星是混沌之初天地合一，相互感应的结果。

看完了此景点后，我们往左下方环线走去，一会就到了回头松处。这棵回头松看上去特别像黄山的迎客松，专在此处迎接四面八方来的客人。此时还有零星几个游客驻足在此树下拍照留念。

再往前走时，有两棵树吸引了我们的注意。这两棵树，一枯一荣，生死相依，独立于苍穹之下，震撼着我们的心灵。然后，我们环线返回了卧龙岗石刻处，往西南继续游览。不一会儿到了天盆处。天盆旁做了一个天梯，我们爬上去一看，原来是大石顶上有一个天然的小坑，里面存了些雨水。

在游玩的路上遇到一些奇松怪石，峭壁林立，千奇百怪，妙趣横生。一会儿就到了卧龙岗标志松树——卧龙松。卧龙松根入石缝，茎粗冠平，树枝朝着悬崖峭壁一侧顽强生长，形成了绝顶孤立、冠连东西的俊美特色。

往前走时，我们经过一个很窄的石缝。这石缝窄得只能侧着身穿过，也是这山脊穿行的唯一通道。这个通道叫作美人关，这名字取得真是太贴切了，的确是美人关难过啊。当我们行走到卧龙岗中段，山峰奇拔，形如卧龙脊背，被誉为"天下第一龙"。两边是悬崖峭壁，寸草不生。

在前方，我们看到由 5 块 2 米多高的黑色石头堆砌而成的鹰形石，依其断裂十分巧妙地组合，其石缝前夹着一根一米多长、断头长短不一的石条，从侧面看，活像鹰的头颅和嘴巴。

再往前走时，经过一段曲折的林中小道，就到了天子弯腰处。天子弯腰是当年徐寿辉来薄刀峰聚众起事时在此暂避风雨的一道石拱通道。这拱道光滑陡峭，石下约有 120 厘米高，10 米左右长，是游人上山下山的唯一路径，也是歇凉休憩的好地方。

最后，我们攀爬到了华盖松。华盖松外形顶如滑盖，姿态奇美。站在华盖松一侧远眺四周，有如站在龙脉之巅，俯视云层。望向绵绵不绝的薄刀峰，有如一条飞龙，时而藏匿于云海之间，时而又隐于群峰之中，如梦似幻，似人间仙境。

古老的薄刀峰，如今正焕发前所未有的青春活力，笑迎四海宾朋前来观光旅游。其景区内诸峰，有的巍峨矗立，有的屹然昂首，像骆驼，像少女，像竹笋，应有尽有，定会让你流连忘返，陶醉于这人间的天然"氧吧"中。

小贴士：

　　亮点：薄刀峰原名鹤皋峰，其峰高耸入云，最高点海拔 1408.2 米，在旧时常有白鹤栖息于此，因"鹤鸣九皋，声闻于天"而得名。后因主峰之下卧龙岗形同蛟龙，脊似薄刀，奇松盈立，才改名为薄刀峰。

　　交通：在黄冈市可乘大巴车到罗田，再在罗田东门车站打车直接去大别山薄刀峰风景区。

　　自驾游：武昌—光谷上三环线—天兴洲大桥—武英高速—大别山出口—大河岸镇—九资河镇—薄刀峰景区。

　　大别山薄刀峰风景区管理处电话：0713-5109333。

　　营业时间：8：00—17：00。

　　购物：原生态土特产超市、万家福超市、薄刀峰风景区商店、旺旺商店等。

　　饮食：古街吊锅城、薄刀峰食里香老吊锅、大别山吊锅城、农家小炒等。

　　特产：罗田板栗、罗田大别山吊锅、罗田肉糕、罗田甜柿等。

4. 东坡赤壁，大江东去浪淘尽

景区：黄冈东坡赤壁风景区

地址：湖北省黄冈市公园路 11 号（东坡赤壁）

景区主题：故居

景区指数：★★★★★

推荐指数：★★★★★

"大江东去，浪淘尽，千古风流人物。故垒西边，人道是，三国周郎赤壁。乱石穿空，惊涛拍岸，卷起千堆雪。江山如画，一时多少豪杰。"这首千古绝唱，不知倾倒过多少人，也因如此才成就了今天的东坡赤壁。

赤壁，因一场名垂青史的战争已是家喻户晓。其实赤壁有文、武赤壁之分，而且均在湖北省内。武赤壁在今赤壁市，在公元 208 年，刘备、孙权联合破曹操的赤壁之战就发生在那里；文赤壁位于黄冈市黄州区，因苏东坡的大作《前赤壁赋》《后赤壁赋》《赤壁怀古》而闻名天下。

东坡赤壁，又名黄州赤壁，其背靠宝石山和玉山，俯瞰长江，素有"风景如画"之美誉。遗憾的是，由于历史上长江多次改道，现在已经无法看到"大江东去浪淘尽"和"惊涛拍岸卷起千堆雪"的壮丽景象。

东坡赤壁历尽沧桑，风云变幻，承载了多少历史，孕育了多少传奇人物。我从小是个三国迷，对赤壁之战颇为了解。东坡赤壁是我读书的时候和一位好友去过的，当时游玩的情景至今还历历在目。

我们是下午才到的东坡赤壁。进入园内是一个很大的广场，游客很多。在东面，有一座古城墙，从城墙那斑驳的印记中，可以看出历史年代久远。

园内的景色很是迷人，花团锦簇，小桥流水，绿树成荫。

在正门广场的末端，我们迎面观赏了身披乳白色长衫的东坡雕像。只见苏公左手放后，右手握书卷，目光炯炯，凝神伫立，潇洒飘逸。再往前走，远远就看到东坡赤壁背靠山脉，被郁郁葱葱的参天大树围绕在其中。周边的碧水、绿树、红墙、白花，将东坡赤壁装扮得庄严肃穆、古朴典雅。

沿石阶而上，步入古门楼。楼内馨香宁静，充满了浓厚的文学气息。我们一边走，一边欣赏。登上楼阁，远眺远方，山环水绕，林木茂密，滔滔的长江水上倒映着城墙、树、山峦，湖光山色，犹如一幅美丽的山水画卷。

我们下来后，往左边台阶而上，来到了东坡赤壁的正门。正门上方是"东坡赤壁"4个大字，看上去典雅、肃穆，造型别致。跨进大门，在右边一眼就望见著名的李鸿章题额的二赋堂。

二赋堂为古色古香的木楼，其立柱上的楹联对仗工整，很有气势。我们走进堂内，正面为清人程之桢书写的《前赤壁赋》，通篇为楷，笔笔功力，字字精神。背面为民国李开先书写的《后赤壁赋》，字体为汉隶与魏碑相兼，豪迈俊逸，苍劲有力。站在堂内，看着上面那千古不朽的诗句，它把苏东坡对人生的追求表达得淋漓尽致。

堂内右牌匾上那句"古今往事千帆去，风月秋怀一笛知"，语句平实，颇具沧桑感，道出了天地之道的精髓。看到此处，眼前仿佛浮现出一个把酒临风，凭栏远眺，挥毫泼墨的活生生的苏轼。

出了二赋堂，我们便来到了留仙阁。留仙阁为清代光绪十年（1884）修建，苏轼生日那天落成。阁内原塑苏轼坐像，取坡仙长留阁内之意名之"留仙阁"。最吸引我的是苏东坡游赤壁全图，令人赏心悦目。

往东十来步便是碑阁，在这里可以寻找苏公的足迹，碑阁内存有苏东坡的书法真迹石碑。观赏完了留仙阁、碑阁，我们又去了二赋堂西南十余步远的酹江亭。酹江亭面江临壁而建，在此可观长江之波涛澎湃汹涌。亭内嵌有书法家赵孟頫的手书《前赤壁赋》石刻和历代名人石刻。

在酹江亭西侧并立着的是坡仙亭。内有苏轼亲笔草书的《念奴娇·赤壁怀古》词及其手绘的月梅图等石刻。站在那里看了许久，那首千古词句一直震撼着我们的心灵。在坡仙亭西下十余步远的是睡仙亭，相传当年苏轼同友人游赤壁时，曾醉卧于此，亭内石床石枕尚在。

没过多久，我们走到了放龟亭。在放龟亭里，那只明代的白龟仍翘首蹲踞矶下水边。相传东晋大将毛戍守邾城时，其仆人将他养的白龟放生于此，后得善报。站在亭中远望，亭下崖石壁立，那种"乱石穿空，惊涛拍岸"的壮观景象尽在眼前。

东坡赤壁

在东坡赤壁，到处散发着才子苏东坡的气息。在这里，不仅可以登高远眺，赏湖光山色，还可以在苏子雕像下浅唱低吟那些千古绝句。在大文豪苏东坡故居，一草一木一石无不在缅怀这位文学巨人。游玩的过程给我们留下了美丽而难忘的记忆。

沧海桑田，江山依旧。在离开东坡赤壁之际，想起宋代范仲淹的名句："云山苍苍，江水泱泱，先生之风，山高水长。"谨以此句献给苏东坡。

小贴士：

亮点：东坡赤壁，又名黄州赤壁，其背靠宝石山和玉山，俯瞰长江，素有"风景如画"之美誉。北宋元丰三年（1080），文学家苏轼贬谪黄州期间游赤壁作《前赤壁赋》《后赤壁赋》，东坡赤壁因而闻名天下。

交通：在黄冈可乘坐 8 路公交车到赤壁公园站下即到东坡赤壁风景区。

自驾游：武汉—武鄂高速—黄鄂高速—黄冈长江大桥—黄冈大道—东城赤壁公园。

东坡赤壁风景区管理处电话：0713-8352861。

营业时间：8：00—17：00。

购物：武商量贩、佳家乐平价超市、中百仓储、辛德超市等。

饮食：老家土灶台、胖子酒家、江鱼庄、半秋山西餐厅等。

特产：武穴酥糖、东山老米酒、罗田板栗、英山云雾茶等。

5.天台山，大别山一颗璀璨的明珠

景区：红安天台山风景区

地址：湖北省黄冈市红安县七里坪天台山风景区

景区主题：森林、漂流

景区指数：★★★★★

推荐指数：★★★★★

一提天台山，或许就会想到浙江天台山；一提红安县，或许就会想到"将军县"。红安县那"将军县"的光环早已盖过了天台山的景色。

我和几位同事是偶然聚在一起，突发奇想开车去的天台山。那时正是阳春三月，万物复苏的季节，给我们的旅途增添了几许浪漫气息。我们离红安县天台山不太远，开车一个多小时就到了。

红安县天台山风景区，属大别山脉南麓，方圆 65 平方千米，素以"佛宗道源，山水灵秀"而著称，更有"红色圣山"之誉。传闻道家始祖老子在这里参透天机，得道而去；千古文豪苏东坡，在这里探幽寻奇。

至今我还记得明末著名思想家、文学家李贽写的一首诗：

"缥缈高台起暮秋，壮心无奈忽同游。

水从霄汉分荆楚，山尽中原见豫州。

明月三更谁共醉，朔风初动不堪留。

朝来云雨千峰闭，恍惚仙人在上头。"

这首《宿天台顶》影响力最大，至今广为流传。去的路上，我对天台山充满了期待，冥冥之中感觉与天台山似乎有一种缘分。在我们一行进入古镇七里坪时，山路蜿蜒险曲，给人一种曲径通幽的美感。

我们到达景区门口，一下车，一眼便看见那很有特色的山门。那山门似乎和以前农村的房门结构差不多，并与一排古色古香的围墙相连。我们穿过山门，沿着道路前行，路的一侧立有数十尊罗汉佛像石刻，好似佛在迎有缘人。

一会儿，我们走到了一个广场，只见广场上寺塔林立，《金刚经》等经文金漆其上，还有几块无字碑错落其间，在蓝天白云下，显得很是神秘。可能此时为淡季，游客不多。在广场的右侧有一座雄伟的天台寺宇，刚好与山顶的古寺赤城寺遥相呼应。

前行中，我们看到墙上有一巨幅汉白玉，书有《天台胜记》。右有解惑图，左有论道图。但我看了半天，也没看出一个所以然来。我们沿青石台阶开始上山，山道两旁层峦叠翠，绿意盎然。当我们攀爬在半路上，抬头远望天台山，四面峭壁如削，有如与天相接，直插苍穹，很是壮观。

我们继续沿着石阶而上，在路旁不时能看到盛开的野花，空气很是清新，令人神清气爽。在我们上行中，看到一棵"千年樱桃树"，虽然已过1000余年，但此树仍充满生机、枝繁叶茂，那坚韧顽强的生命力让人啧啧称奇。

我们一行走到了杜鹃谷处，只见一片杜鹃花含苞欲放，可惜未到花开季节，不能欣赏。但一路上的野花香扑鼻，兰草之幽，沁人心脾。我们一路上攀爬，感觉身处世外，行走于画中。

我们行其间，迎面遇一巨石，上面刻有"文脉"两个大字。一看文脉二字，让我想到了许多文人墨客或游历或隐居此山，如明朝思想家李贽、状元焦竑、户部尚书耿定向、兵部侍郎耿定力等，在天台上留下了他们许多珍贵的诗词、墨迹和事迹。

在半山腰进入老山门，映入眼帘的是告天炉。告天炉，位于天台山的西南岗上，一石如茶几，一石如鼎炉。鼎上书写有"告天"二字，底座有诗一首："我心天一心，告天犹告我。终朝对此山，默默自印可。"令人回味。

相传，明朱元璋开创帝业时曾至此山，率军攻打山下姚家寨时久攻不下，于告天炉前焚香拜天，一拜寨门开，二拜寨中横尸一片，三拜血流成河……

过了告天炉前行，随处可见崖壁石刻，或题词或题诗，一路上供游人欣赏。我们继续前行，走到了观景亭。站在观景亭上，视野开阔，远眺绵绵不绝的大别山，云雾缭绕，沟谷纵横，风景这边独好。

再往前走，就快到山顶了。沿石阶而上，第一道石门是离垢门。从离垢门到天门，有350级石阶，据传，每一门台阶级数都有讲究，体现了佛道文化的深刻内涵。在醉心于天台山的山水时，我们也要读懂天台山那广袤而深刻的文化内涵。

往离垢门里走，有一个"忘石台"。你不妨往上坐一坐，一坐就可以忘了今生所有烦恼。沿着青石板路走，我们穿过第二道石门"息缘门"，到达了山顶。一上到山顶，顿觉万象排空，视界大开，天台山上雄奇绮丽的景色尽收眼底。

山顶地势平坦，上有一座小庙，原名铁瓦寺，也称为天台寺。早在1400年前，天台山就有佛教踪迹，隋唐时已有庙宇建筑。"天台山"之名源于佛教八大宗之一的天台宗，历以"六德"立寺，闻名于世。

大雄宝殿

我们走到了天台顶中的石碑处，只见石碑的正面写有"天台之巅"4个大字，背面为"中天一柱"，字体遒劲，行文刚逸，自成一景。我们几人站在"中天一柱"前，拍下了此行很有意义的一张相片。

天台山上林木繁茂，气势博大，山体雄伟、陡峻，山脊突兀、延绵，怪石奇峰。风景优美，五岑六谷，松柏常青。每当春夏之交，映山红、兰花草漫山遍野，馨香袭人。游完了天台山，我们久久陶醉在天台山的美景中。

天台山上尚有佛道之仙风，山体之灵秀，它那绮丽、秀美的景色是我们旅游不二的选择。

小贴士：

亮点：红安县天台山风景区，属大别山脉南麓，方圆65平方千米，素以"佛宗道源，山水灵秀"而著称，更有"红色圣山"之誉。

交通：从红安县坐公交车到七里坪，再在七里坪乘车到天台山风景区。

自驾游：武汉—武麻高速—沪蓉高速—发展大道—109省道—206县道—天台山风景区。

红安天台山风景区管理处电话：0713-8320868。

营业时间：8：00—17：00。

购物：宏发超市、贵祥超市、来来超市等。

饮食：海华农家乐饭庄、正新鸡排、银河酒店、老北京羊蝎子火锅等。

特产：红安花生、永河皮子、红安苕、红安煨葫芦等。

6. 三角山，三峰半插入云霄

景区：三角山国家森林公园

地址： 湖北省黄冈市浠水县三角山国家森林公园

景区主题：森林

景区指数：★★★★★

推荐指数：★★★★★

"过尽千峰皆不是，回首只看三角山。"

第一次结识三角山是在网上，它那山清水秀、美丽动人的画面深深地印在我的心里，于是想去三角山的愿望非常强烈。跟我要好的同事刚好是浠水的，我硬是拉着他在放假时一起去了三角山。

三角山旅游风景区位于著名的大别山脉南麓，是鄂东名山之一，素有黄州府"笔架山"之称，以雄、奇、秀著称，方圆64平方千米，有大小山峰28座，主峰海拔1055米，是浠水和蕲春的最高山峰。

同事拗不过我，在放假的头一天去了他的老家，在第二天，我们才去的三角山景区。一路上，可以说是山路十八弯，沿途经过的山脉绿意葱茏，山色青黛。不到一个小时的路程，我们就到了三角山景区的山门口。

三角山的山门造型别致，古色古香。我们穿过山门后，感觉一阵清凉，沁人心脾。四周山峦滴翠，茂林修竹。站在山脚下，远远望见雄伟的主峰直入云霄，巍峨壮观。我们沿着环山公路继续前行，前面一片翠竹环绕的山坳里，坐落着一排古朴的房子。在那里，我们弃车步行，也不乘坐缆车，直接攀爬上顶峰。

三角山

　　我们拾级而上，两旁的松柏绿绿青青，盘虬交错，如细针一般。沿途遇到数不清的水杉挺拔昂首，抖擞间有一股凛然之气。古人云："山之骨在石，山之趣在水，山之态在树，山之精神在峭、在秀、在高。"爬到山上来后，我们发现，石是三角山无穷活力的筋骨，水是三角山生命的源泉，树是三角山活灵活现的装束。

　　一路上，三角山风光旖旎。我们从台阶爬上来后，眼前突现一巨石耸立，高达三丈有余，这便是让人心惊胆战的"一线天"。这里的"一线天"和其他景区的"一线天"很不同，别的景区的"一线天"只是窄，但人只要侧着身子就能穿过。而这里的"一线天"，那是要考验人的勇气和胆量。从很窄的石台阶爬上去，刚好两边的巨石不好借力，所以有点不好爬过去。

　　我和同事稍微费了点力气攀爬了过去，对于我们身后的美女游客，我只能是淡淡地一笑了。从一线天上来，便到了卧仙石。卧仙石，是一块从崖壁上突兀出来，凌于半空的巨大石头，犹如天外飞石。我和同事一起爬了上去，感受着卧仙石带给我们的奇妙体验，同时感叹着大自然的鬼斧神工。

　　再往上攀爬，迎面便看见前方一棵高大的松树，这便是有名的"迎客松"。

迎客松那伸长的枝叶有如张开的双臂，矗立在山顶上迎接着八方来客。当我走近迎客松树下，惊奇地发现，迎客松完全是生长在几块巨石隙间，不禁让我胆战万分。遥想着千百年来，迎客松历经风吹雨打，生命力还如此坚韧顽强，枝繁叶茂，令人十分敬佩。

经过一个多小时的辛苦跋涉，我们终于攀登到了顶峰。顿觉视界大开，心旷神怡。站在顶峰上，三角山的绮丽景象尽收眼底。极目远眺，只见群峰绵延，峡谷纵横，积岚沉雾，有如一幅秀丽的山水画卷。

看到这，让我想起了明代诗人谢神童的诗句：

"一尖一尖复一尖，白云深处老龙眠。

晓来雨过森如戟，插破东南半壁天。"

从诗句中，三角山之雄奇可见一斑。站在顶峰上，我还看到了山脚下几只牛儿在悠闲地低头啃着草。看到这，你会发现三角山的美，是一种大美，一种不显山，不露水的真美。

往前走不远，便是舍身崖，又叫情人跳，位于主峰的最高处。崖壁笔立向下，险峻异常，有如万丈深渊。站在舍身崖上，望着崖下的石林瀑布，令人十分眩目。但是，在蓝天白云下，许多青年男女喜欢在此合影，以此见证他们的爱情。

快乐的时光很是短暂，我们不得不返程回去。从东坡通道而下，三角山又是另一番风景。错落有致的杉树，林荫的小道，幽碧如浸，让人有种"山路元无雨，空翠湿人衣"的感觉。山清水秀人悠然，去过三角山后，你会感悟到生活的真谛。

悠悠三角山，不尽浠水情。

三峰半插云霄外，一抹斜阳望里收。三角山的"松之峻、云之逸、泉之灵、文之韵"独领风骚。亲爱的朋友，有时间不妨到此一游，三角山定会让你流连忘返。

小贴士：

亮点：三角山旅游风景区位于著名的大别山脉南麓，是鄂东名山之一，素有黄州府"笔架山"之称，以雄、奇、秀著称，方圆 64 平方千米，有大小山峰 28 座，主峰海拔 1055 米，是浠水和蕲春的最高山峰。

交通：在黄冈车站乘车至浠水，浠水车站转车到绿杨，再转车到三角山或者从浠水直接坐车到三角山风景区。

自驾游：武汉—关豹高速—沪渝高速—大广高速—202 省道—201 省道—三角山风景区。

三角山风景区管理处电话：0713-4101777。

营业时间：8：00—17：00。

购物：建平平价超市、绿杨商城、众旺超市、利民超市等。

饮食：农家乐圈饭庄、德临阁酒家、红鼻砣、新宏源美食城等。

特产：巴河莲藕、绿杨桥封缸酒、茅山螃蟹、散花藜蒿等。

第十一章
恩施州　小桥流水，万秀风光醉世人

　　恩施州境地形以山区为主，喀斯特地貌发育，溶洞溶洼众多，自然风光以"雄、奇、秀、幽、险"著称。恩施，埋没于大山间。天是蓝的，地是绿的，一条清江河映衬于青山绿水之间，给这座年轻美丽的城市增添了无穷的魅力。

1. 恩施大峡谷，如诗如梦如画

景区：恩施大峡谷风景区

地址：湖北省恩施市沐抚办事处恩施大峡谷

景区主题：峡谷

景区指数：★★★★★

推荐指数：★★★★★

从小就听闻恩施奇山秀水，但一直未能成行。这次利用年假的机会，我和很好的朋友一起去了恩施，首站就是恩施大峡谷。恩施大峡谷，在我心中山清水秀，群山绵延，悬崖绝壁，怪峰林立。

恩施地处鄂西北山区，我们坐火车前往。一路上，透过车窗，感受到山的曼妙。望着绵绵不绝的山脉，雾气弥漫，有如行驶在山间云端。然后，我们坐着公共汽车朝着大峡谷进发。沿途的山区道路真是九曲十八弯，时上时下，颠簸得不行。倒是车窗外的秀丽山水，让我们忘记了旅途的舟车劳顿。

到达大峡谷的入口时，我们一阵兴奋。恩施大峡谷，当地也叫作"云龙河地缝"。云龙河地缝是一道地质奇观，全长约3.8千米，是很狭窄的一条缝隙，长不见头尾，深不见底，垂壁直下。

我们站在谷顶往远处望去，百里绝壁，傲啸独峰。峡谷内的地缝，满目翠绿，层层叠叠，峡壁有如是大断崖，真是"无限风光在险峰"。我们沿着峡谷内的栈梯下到地缝中去，一阵潮湿的寒气突然袭来。

我们下来后，栈道弯弯曲曲，光线较暗，瀑布及深涧的流水声越来越响。越往前走，随处都可能遇到飘洒过来的瀑布水珠。抬头望向天空，只是一条蔚蓝的缝隙。谷底的水清澈透亮，我们沿着观光步道时而上行时而下走，一路上有看不完的峡谷风光。

当我们走上横跨地缝的拉索桥时，桥身轻微摇晃，有一种飞行在峡谷里的飘然感。出了大峡谷，我们乘上了去七星寨景区的缆车，缆车线路全长2284米，翻过几座山峰。如果选择步行游玩，则需2天时间才能游完大峡谷。

随着缆车徐徐上升，云龙河地缝逐渐出现在眼底，一眼望去，就是一道"裂缝"。如果不是刚才去游玩，谁会想到地缝内的风景会那么美。满山雾气弥漫，远处的山峦在迷雾里若隐若现。

下了缆车，我们沿着山路继续走，一会儿到了一片石林。这些山石看上去十分奇特，连绵起伏，如一层层的石浪一般。我们在石林中穿行，宛如进入迷宫，很是神奇，令人称绝。前面不远就到了"一线天"。

一线天又称"七星门"，据说通过这道门就成了天上的神仙。我们小心翼翼地穿过了这道窄窄的门，走到了让人双腿打战的"绝壁长廊"。绝壁长廊险象环生，足下是万丈深渊，头上是悬崖直壁。如若有恐高症的人，往下看的话会双腿发软，额头冒汗。我们站在悬崖栈道上，别有一番韵味。望着群山绵延，高山耸峙，心旷神怡。眼前的峡谷、河流、田园、村寨，相映成趣，如诗如画。

穿过绝壁栈道，我们来到了中楼门，突然眼前一亮，视野十分开阔。远处那万丈绝壁的山体，造型奇异的山峰，深深震撼着我们的心灵。云雾缭绕，山峰若隐若现，如临仙境。

我们踏着蜿蜒的石头小路继续前行，道路两旁绿树成荫。一会儿，走到了迎客松处，只见古松长在山崖边上，沿壁而生，树枝微微倾斜，好似对人鞠躬一般。在这幽静的山谷，看到如此逢绝壁而生的古松，似乎启示着我们对人生有所感悟。

继续往前走，我们到了镇谷之宝"一炷香"前。看到这"一炷香"，好友直呼真是太神奇了。一炷香高度为150米，最小直径只有4米，千万年来风吹不倒，雨打不动，傲立群峰之中，守护着这片神秘的土地，实属罕有。

离开一炷香，沿着崎岖的山路没走多远，就到了"双子塔"。我们凝目而望，两柱山体，如一对情侣，在此山盟海誓，生死相依。此时此景，让我想到一句诗："山无棱，天地合，才敢与君绝。"

大峡谷

行走在大峡谷中，阵阵清风拂来，让人神清气爽。在这里，虽没有寺庙峥嵘，没有香客顶礼膜拜，没有历代骚人墨客游憩其间，但其原生态的绝壁、奇峰、地缝、峡谷等地质景观，让游客身处在如诗如梦如幻如画的美景中。

恩施大峡谷，像一位满含羞涩的土家族少女，在你没有看过她的容貌前，你永远也不会懂得她的神韵……

小贴士：

亮点：恩施大峡谷位于湘、渝、鄂三省交界处，是清江流域最美丽的一段，被誉为全球最美丽的大峡谷，万米绝壁画廊、千丈飞瀑流芳、百座独峰矗立、十里深壑悠长，拥有雄奇秀美的世界地质奇观。

交通：在恩施火车站，乘坐 6 路、22 路公交车到恩施航空路车站下，再乘大峡谷专线车直到恩施大峡谷风景区。

自驾游：武汉—沪渝高速—后河特大桥—318 国道—培风大道—063 乡道—恩施大峡谷风景区。

恩施大峡谷风景区管理处电话：0718-8542333。

营业时间：8：00—17：00。

购物：毛老四平价超市、乐购峡谷超市、女儿寨超市等。

饮食：天然居、鄂渝酒楼、土司酒馆、开心特色菜等。

特产：来凤凤头姜、鹤峰茶、板桥党参、金丝桐油等。

2. 恩施土司城，中华土家第一城

景区：恩施土司城风景区

地址：湖北省恩施市土司路 138 号

景区主题：古城

景区指数：★★★★★

推荐指数：★★★★★

游完了恩施大峡谷，我们第二天来到了被誉为"中华第一城"的恩施土司城。恩施土司城属全国唯一一座规模最大、工程最宏伟、风格最独特、景观最靓丽的土家族地区土司文化标志性工程。

土家族历史悠久，为远古巴人的后裔。据史书记载，巴人早年生活在江汉平原一带，后楚人强大，巴楚相争，巴人失败。巴人退入现在叫清江古称为夷水的一带，沿夷水西进，势力达到川东地区。在土司城，你不仅可以欣赏到美景，还能一路感受到土家族那浓郁的土家文化。

我们从市区坐公交车去的土司城，不到半小时就到了景区。一到景区，首先映入眼帘是高耸的土家族传统牌坊式门楼。门楼上方书写着"恩施土司城"5 个刚劲有力的大字，为著名社会学家费孝通先生所题写。土司城门楼看上去庄重华丽，在建筑上体现了土家族的人文思想、空间观念和技术上的聪明才智。

在门楼前，我们看到左右各有一座神人牵龙的雕像，这雕像名叫"天王送子"，表现了土家人"望子成龙"的心理。在门楼两边乳白色仿古门柱上刻有"华中第一城，天下无双景"的气势恢宏的对联。

土司城门楼高 25 米，宽 12 米，是一栋纯粹榫卯结构的木楼。高大壮观，结构精良，布局精巧合理。从两边走马转角楼梯可盘旋至楼顶，但我们没有上楼。穿过门楼，就看见"虎钮錞于"独立于广场一角。

"虎钮錞于"是土家族先民巴人的一种军用乐器，因巴人崇虎，在錞于上以虎为钮，它是权力和财富的象征，盛行于战国至秦汉时期。在"虎钮錞于"一侧便是侗族风雨桥。这座仿古风雨桥横跨于游池之上，造型古朴，精致美观。桥身为长廊亭式建筑，桥两头有两座桥亭突起，飞檐翘角，画栋雕梁。桥廊两边专设有栏杆和长坐板，供游人歇息或休闲纳凉、聊天。站在桥面上，看着眼前的桥、亭台、山、流水相映成趣，构成了一幅美丽的山水画卷。

过了风雨桥，一座精巧的吊脚楼便出现在眼前。吊脚楼是土家族具有代表性的传统住房，它依山傍水而建，掩映在绿树之中，一条河水刚好从吊脚楼前穿行而过，看到此景，立马在我脑海里呈现出一种"小桥流水人家"的田园风光。

我们顺着步道向前，不久就到了土家族十分崇尚的先祖廪君庙。廪君庙坐西朝东，为三层三进重檐廊柱式建筑。远远望去，廪君庙雄峙山腰，气势巍峨。在廪君庙的山壁上，绘有巨大长卷壁画，名为"廪君开疆拓土胜迹图"，壁画记载了廪君一生的豪情壮举。

对于巴人及其后裔土家族崇尚的廪君，还有一段十分神奇而动人的传说……

相传，廪君是生活在长阳武洛钟离山的巴姓人之子，名叫巴务相。钟离山上有赤黑二穴，分别住着巴、樊、覃、相、郑五姓人氏。巴姓住在赤穴，其余四姓住在黑穴。蛮荒之初，没有头领，于是五姓人氏商定投剑于石穴，投中者尊为头领。经比试，唯巴姓之子巴务相一剑投中，其余四姓皆未投中，四姓不服气，再次约定乘坐土船游于江中，土船不沉的立为头领。比试结果，又是巴务相乘坐的土船不沉，其余四姓的土船下水即沉。四姓至此认为这是天意，于是推举巴务相作头领，统领巴人。巴务相当头领后，胸怀大志，嫌钟离山狭小，决意要为巴人另创基业，便率领五姓巴人，沿古称为夷水的清江而上，去开疆拓土。途中经过叫盐阳的地方，这里有位专司熬盐济世的女神，爱慕巴务相的超凡豪雄，要以身相许与巴务相结为夫妻，并劝巴务相留居盐阳。巴务相虽感女神多情，但仍觉盐阳不够广大，非巴人久留之地，坚持溯江而上继续前进。女神无奈，便晚上前来陪宿，早上化成飞虫与诸虫同飞，遮天蔽日，令巴务相与众巴人不辨南北、西东，寸步难行。巴务相非常焦虑恼火，断定是女神暗中阻挠，便乘女神陪宿之机割下自己一绺头发，作为信物赠与女神，女神就将头发系于颈项间，待次日诸虫再飞之时，巴务相瞄准系有头发的飞虫，弯弓搭箭，将化为飞虫的女神射落，顿时天开明朗。巴务相便继续率巴人前行，直到古称夷城的恩施地区，巴务相觉得夷城地方广阔，便留住下来，建立了巴国。巴人由此便从以渔猎为生的原始落后生活方式转向较先进的农耕生活。

巴务相建国图强，开疆拓土的心愿已了，便坐化升天，死后化为白虎。众巴人为缅怀巴务相功德，建廪君庙立像祭祀，同时也感女神熬盐济世之恩，便也塑女神像陪于廪君之侧，称巴务相为廪君，称女神为德济娘娘，春秋饷祭，四时烟火不绝。从此，廪君便成了巴人及巴人后裔土家族世代尊奉的生命之神。

再往前走，我们来到了九进堂。九进堂是整个土司城的核心部分，也是一座道地的土司皇城。它是土司权力和身份的象征，是土司城内规模最大、形态最复杂、等级最高的"廊院式"建筑。远远望去，亭台楼角、层檐飞爪，错落有致，显得巍峨和富丽堂皇。

九进堂的整体建筑由低向高递进，鳞次栉比，有九重九进之说，故称"九进堂"。一进为土王府门楼，二进为戏楼，三进为议事厅，四进为摆手堂，五进为后院门楼，六进为土司王府的仓廪之地，七进为双层亭楼，八进为内宫的中堂，九进为后堂。我们边走边观赏，慢慢领略着土司文化的厚重和魅力。

穿过九进堂，我们登高攀上土司城墙。土司城墙全长2320米，宽1.2米，依山取势修造，块石筑成，厚实坚固，逶迤绵延，雄伟壮观。弯弯曲曲的土司城墙把土司城围得严严实实，固若金汤。站在城墙上，难免让人"发古之幽思"。望着久远的烽火台，遥想着当年土家兵丁扼关戍守，烽火狼烟，刀光剑影厮杀的战斗场面，我们的内心久久不能平静。

我们顺城墙前行，登上了位于土司城最高处的钟楼。钟楼为三层亭塔式建筑，底层为城墙，中层为城楼，顶层为亭。亭内悬着一口重达 3000 余斤的大铜钟，叫"土司朝典钟"，钟上铸有 999 字铭文，记述了土司城壮丽的景观和土家族慷慨悲壮的沧桑历史。

　　土司朝典钟，立于土司城最高处，彰显着土司权柄的至高无上和土司王业的亘古宏昌。每当钟声响起，土司便率领土司文武职官及王室宗亲，以及兵丁土民一起焚香朝拜，十分隆重而神圣。

土司城

　　沿烽火台而下，便到了白虎山。只见一只白虎雕像映入眼帘，它脚蹬顽石，昂首翘尾，正欲有呼啸腾飞之势。这白虎就是土家族极为崇拜的廪君魂灵的化身，也是土家族的图腾崇拜、族徽和标志。站在白虎雕像前，我们抢拍了一张照片作留念。

　　美好的时光总是很短暂。游完了土司城，土家族那段沧桑历史深深地震撼着我们的心灵。出城后，我们的内心还久久地停留在土家族那独特的建筑艺术、风俗和文化上。如此美景，如此浓厚的土家文化，下次若有机会，我们定会故地重游。

小贴士：

亮点：恩施土司城坐落在恩施市西北小地名叫对山湾的地方，距市政府所在地500米。属全国唯一一座规模最大、工程最宏伟、风格最独特、景观最靓丽的土家族地区土司文化标志性工程。

交通：在恩施火车站，乘坐30路公交车到土司城站下，即到恩施土司城风景区。

自驾游：武汉—沪渝高速—金凤大道—旗峰大道—恩施土司城风景区。

恩施土司城风景区管理处电话：0718-8458166。

营业时间：8：00—17：00。

购物：武商量贩、一家人超市、中百仓储超市、易捷便利店等。

饮食：土家鼎罐饭、潜江虾皇、真真土家菜、土司餐馆等。

特产：来凤凤头姜、鹤峰茶、板桥党参、利川山药等。

3. 腾龙洞，中国最美六大旅游洞穴

景区：腾龙洞大峡谷地质公园

地址：湖北省利川市东城区新桥村 2 组长堰村一组交界处

景区主题：洞穴

景区指数：★★★★★

推荐指数：★★★★★

游完了土司城，第三站我们来到了被誉为"亚洲第一洞"的腾龙洞。腾龙洞位于清江上游利川市的近郊，离市区仅 6 千米，景区集山、水、洞、林于一体，以雄、险、奇、幽、秀而驰名中外。

去腾龙洞前，我们查了相关资料。据介绍，腾龙洞洞口高 74 米，宽 64 米，初步探明洞穴总长度 52.8 千米，洞内最高处 235 米，其洞穴面积 200 多万平方米。洞中有 5 座山峰，10 个大厅，地下瀑布 10 余处，洞中有山，山中有洞，水洞旱洞相连，构成了一个庞大而雄奇的洞穴景观。这让我们对腾龙洞充满了好奇，想去一探究竟。

在我们到利川站时，感觉利川站虽小，但很干净整洁。我们乘坐公交车去的腾龙洞，十多分钟就到了腾龙洞景区。在中途经过景区大门时，看到大门造型别致，显得很厚重、古老。一下车，就看到腾龙洞四周群山绵延，山清水秀，让人神清气爽。

我们先去了腾龙洞广场对门前的梵音洞，梵音洞不收门票，可随意参观。在洞门中，一尊巨大的弥陀佛坐像吸引了我们。佛像前有不少向佛之人在上香礼拜。我们沿着观光步道走进了洞中，一边走一边欣赏。从洞内向洞外望，是一个弯形的视野。

腾龙洞景区并非只有一个洞穴，而是由两个巨大的洞穴所组成。一个是旱洞，一个是水洞，水洞和旱洞相连。我们游完梵音洞后，就去了水洞。水洞也称"落水洞"。我们沿着人行道缓步向前，只见浩浩荡荡的清江水飞流直下，浪花飞溅，碎玉喷雾，声震九渊，宛若一条巨龙张开大口，豪饮一江清水，让人不得不惊叹大自然的鬼斧神工。

走进洞中，水洞洞壁怪石嶙峋，但不知洞穴的进深几许，只闻巨大的水流声轰然作响。我们观看了许久后，转过这个洞，就来到了"旱洞"，也就是腾龙洞了。看到腾龙洞的第一眼，感觉这洞口巨大无比。洞口那弧形拱顶最高处的高度可装下一座二十层楼房，它最宽的地方可以让 15 辆卡车并排通过，足见洞口的宏大气势。

腾龙洞

我们站在洞口下时，显得特别的渺小，想拍一张全景的洞口相片，但人的影像特别小，看得不太清楚，有点小小的遗憾。一进洞门，清风拂面，沁人心脾，迎面便是一个巨大的大厅。在大厅的顶板上，由于蚀刻和岩石垮塌，形成了一只巨大的孔雀。只见孔雀昂首扬冠，彩屏如扇石一样展开，有如正在向远方的来客致意。

进洞口不远处，可乘坐观光车进行游览，但我们还是选择了步行游玩。我们进洞没多远，就到了"佛到池"。池水清澈见底，犹如一面镜子。再往前走，一会儿就到了"中国最大的原生态洞穴剧场"。这是景区斥资5000万打造的中国唯一的原生态洞穴剧场。此剧场主要以土家文化为背景，有100多位演员倾情演绎的大型情景歌舞《夷水丽川》。让游客从情景歌舞中了解土家族的乡土风俗，使其身临其境地走进原汁原味的土家生活。因为歌舞时间还未到，我们只好先继续前行。

过了洞穴剧场，一道蓝色的光影映入我们的眼帘。前面就到了绝壁栈道，它是当年科考探险队进入腾龙洞内的必经之路。洞底全是淤泥、乱石。洞内较暗，我们在崎岖不平的洞内穿梭。

在前面不远，我们就看到了一座小山，名叫龙鳞山。高度为35米，是腾龙洞内最小的一座洞中山。据民间传说，腾龙洞的守护神龙每5000年会来这里蜕皮换鳞，日积月累就形成了这种小山。

我们前行的途中，在右边看到一块钟乳石，非常像一朵从地上冒出来的蘑菇。我们继续前行，在前面看到了银线润花。只见洞内清泉飞流倒挂、珠花飞溅，真是太美丽了。在腾龙洞中，也多见暗流，时隐时现，时急时缓，并常有鱼虾游，为其他溶洞所罕见。

我们经过石锁通关到达了激光秀大厅，正好赶上了激光秀表演。这是全国唯一的集激光、音效、视频、水幕、烟雾、灯光于一体，虚与实完美融合的剧场。激光秀水幕高5米、宽20米，表演内容包含腾龙洞的地质形成、火山喷发、山崩地裂、斗转星移、溪水湖泊、巨龙喷火、孔雀开屏等场景片段，完美演绎出了中华图腾龙与土家图腾白虎之间由冲突到和解的一段美丽神话。

40多分钟的激光秀表演很快就结束了，但那声光电营造出的高科技视觉冲击，给我们带来了强烈的心灵震撼，仿佛穿越时空，打开了通向未来的时间隧道。

"那表演真是太精彩了……"好友跟我说道。

"是的，确实太精彩了。"我应道。虽然表演结束了，但我还久久沉浸在那美丽的画面中。

"登山当登珠峰，览胜应游腾龙。"游完了腾龙洞，我感觉名不虚传。洞内景观气势恢宏，千姿百态，神秘莫测。当你在腾龙洞内穿行，浓郁的土家文化会时时包围着你，让你不知不觉地沉醉其中。

小贴士：

亮点：腾龙洞洞口高 74 米，宽 64 米，初步探明洞穴总长度 52.8 千米，洞内最高处 235 米，其洞穴面积 200 多万平方米。洞中有 5 座山峰，10 个大厅，地下瀑布 10 余处，洞中有山，山中有洞，水洞旱洞相连，构成了一个庞大而雄奇的洞穴景观。

交通：在利川火车站乘坐腾龙洞旅游专线车直达腾龙洞风景区。

自驾游：武汉—沪渝高速—旅游路—腾龙洞风景区。

腾龙洞风景区管理处电话：0718-7262455。

营业时间：8：00—17：00。

购物：一家人超市、鑫龙购物、友缘便利店、阳光便利店等。

饮食：张李记重庆老火锅、经典牛肉、家家腊鱼馆、8 号虾铺等。

特产：柏杨豆干、利川天上坪甘蓝、利川天上坪大白菜、利川天上坪白萝卜等。

4. 神农溪，神州第一漂

景区：神农溪风景区

地址：湖北省巴东县城信陵镇沿江路 191 号

景区主题：峡谷

景区指数：★★★★★

推荐指数：★★★★★

游玩了腾龙洞，我们又来到了被誉为"神州第一漂"的巴东神龙溪。神农溪发源于神农架的莽莽青山之中，溪水清冽明净，两岸山峰奇峻。她流经湖北巴东县境内，由北向南穿行于深山峡谷之中，至巫峡口东汇入长江。

据我们来之前所查的相关信息，巴东神龙溪是一条典型的峡谷溪流，两岸山峰紧束，绝壁峭耸，溪水在刀削般的峡谷间缓缓流淌着。在此青山绿水间，乘上一个古味加土味的小船，在碧水清波上悠然漂流，会使你感到一种原始的野趣。如欧阳修的一首词所描绘的："无风水面琉璃滑，不觉船移。微动涟漪，惊起沙禽掠岸飞。"

本来好友想先去三峡美人谷的，但在我的坚持下来到了神龙溪，主要是神龙溪上那纤夫拉船的情景深深吸引了我。曾经那首脍炙人口的歌曲《纤夫的爱》，MTV 正是取景于巴东神农溪。从 1500 年前开始，这里就活跃着纤夫队伍，过去是拉来往的货船。如今，神秘的纤夫重现江湖，怎能不叫人动心？

神龙溪

　　我们是上午坐车到的巴东县水陆码头，在那里上了环保游船。游船启动的那一刻，清风拂面，让人很是神清气爽。游船从长江进入神农溪，一路上，两岸青山，溪水碧绿，景色很美。

　　没过多久，游船就驶进了神农溪与长江的交汇处西壤口。西壤口是巫峡的出口，历为兵家必争之地。我们乘坐游船由此进入神农溪下游的龙昌峡。龙昌峡以"雄"著称，全长 5.7 千米，雄峡对峙，滩多水急。站在船头上，遥望两岸青山，绝壁悬崖，奇峰突兀，层峦叠嶂，怪石耸立。

　　"神龙溪，真乃雄中露秀，险中纳奇。"好友情不自禁地赞叹道。

　　唐代诗人杜甫曾乘扁舟漂流过此峡时，留有诗赞曰："迢迢水出走长蛇，怀抱江村在野牙。一叶兰舟龙洞府，数间茅屋野人家。"

　　在船头上，经其他的游客指引，我们看到右上方约 50 米的高处有岩棺一座，它是古代巴人的葬棺。在土家族殡葬的习俗里，认为高葬者至孝。据游客介绍，在神农溪的三个峡谷中，发现悬棺多处，仅龙昌峡东岸的石罅中，就有 7 座悬棺，两具外露清晰可见。

　　游船再往前走时，我们在左前方看到了被称为象鼻山的山岩。裸露的岩石像极了大象的长鼻子，正伸向下来要喝神龙溪里的水呢。

过了龙昌峡，进入鹦鹉峡。鹦鹉峡长7.5千米，以"秀"著称，是巴东神农溪三个峡中景色最秀丽的一个。一路行船过程中，沿途奇峰异景更多，两岸植被如璎珞垂挂，四季常青，岩水滴渗，飞瀑涌泉，奇观迭现。

一会儿，我们看到了神农溪的最高峰——高视岩。高视岩，海拔1001米，上面有很多洞穴，相传有巴蛮洞、巴人洞，那是土家先民巴人居住过的洞穴遗址。

再往前走，在峡谷中我们看到神农溪中最大的溶洞——燕子阡大溶洞。据介绍，"燕子阡"洞高80米，宽30米。在洞中，可见大片的"千丘田"，阡陌纵横，蔚为壮观。在洞顶上常年栖息着短嘴金丝燕，密密麻麻地集聚在岩壁上筑巢产卵，繁衍后代。

游船逆水而上，山明水秀，植被茂密，山间野花绽放。泛舟在这峡谷中，显得格外幽静，空气异常清新，有如远离尘世……不知不觉中，游船已经进入了绵竹峡中。绵竹峡以"险"著称，全长17千米，原是神农溪漂流的起始峡。

绵竹峡内，峡谷翁郁幽深，两岸峰岩夹峙，层次分明，绝壁千仞。游船一路航行过程中，远远就看到岩壁间的石笋、石幔似从天而降，千奇百怪。山上的绿色倒映在溪水中，水中更显无穷的绿意。站在船上，看着游船行驶过后留下的层层涟漪、波光闪闪，人生好不惬意。

没过多久，我们到了上游。在神农溪上游的深山峡谷中，常有猴群出没。它们经常嬉戏于溪边，觅食饮水，构成了神农溪上一道独特的景观。我正寻思在哪里能感受纤夫逆水拉船的野趣时，游船停泊在了罗坪游客中心。

游客中心的岸边停着一排"豌豆角"扁舟，看到这里，我才明白原来是在此换乘古老的"豌豆角"扁舟，心里一阵大喜。当我们坐上"豌豆角"扁舟时，内心很是兴奋，久久不能平静。

随着"豌豆角"扁舟行进在古老的原始之溪，野趣横生。在碧水青山之间，我们饱览着两岸原始古朴的自然风光。此时此景，让我想到了唐代大诗人李白的诗句："两岸猿声啼不住，轻舟已过万重山。"

在我们的小船快到拉纤地时，最遗憾的是，因水位的提高，已不需要拉纤了。景区为了让游客看到当年拉纤的情景，船工们特意下船拉纤。"拉纤"

223

表演完，"豌豆角"扁舟就掉头从原路返回。但不管如何，峡谷中的自然风光给我们留下了深刻印象。

美丽的神农溪，碧波荡漾，风景如画，它将用更广阔的胸襟迎接全世界游客的到来。

小贴士：

亮点：巴东神龙溪是一条典型的峡谷溪流，两岸山峰紧束，绝壁峭耸，溪水在刀削般的峡谷间缓缓流淌着。在此青山绿水间，乘上一条古味加土味的小船，在碧水清波上悠然漂流，会使你感到一种原始的野趣。

交通：在恩施坐汽车到巴东县城，再在巴东县城坐车去巴东客运码头，在那里坐去神龙溪的客轮直接到神龙溪风景区。

自驾游：武汉—沪蓉高速—209国道—巴东长江大桥—神龙溪风景区。

巴东神龙溪风景区管理处电话：0718-4334848。

营业时间：8：00—17：00。

购物：泰丰超市、锦江平价超市、大能综合超市、中百仓储超市等。

饮食：经典世家牛排、德克士（巴东餐厅）、稀客来原生态土菜馆、土家宅餐厅等。

特产：恩施富硒茶、巴东五香豆腐干、巴东真香茗、巴东土腊肉等。

　　神农架位于湖北省西部边陲，南依兴山、巴东而濒三峡，北倚房县，远眺武当山风景区。境内山川交错，峰岭连绵，它以原始森林风光为背景，以神农氏传说和纯朴的山林文化为内涵，集奇树、奇花、奇洞与山民奇风异俗于一体，是以反映原始风光、猎奇探秘为主题的原始生态旅游区。

1. 神农顶，华中第一峰

景区：神农顶风景区

地址：湖北省神农架林区木鱼镇

景区主题：山峰

景区指数：★★★★★

推荐指数：★★★★★

或许，一提起神农架，我们就会自然想起神农架的野人，还有神农架那迷人的自然风光。神农架位于湖北省西部边陲，东与保康县接壤，西与重庆市巫山县毗邻，南依兴山、巴东，北倚房县、竹山且近武当，是世界有名的景区，吸引着中外游客来旅游。

从小我就对神农架那迷人的景色向往已久，但一直未能成行。曾想过报团去玩，但一想不能尽兴，就打消了那个念想。直到一次国庆节放假时，临时起意，我跟妻子一起去了神农架。

我们从武汉坐火车到宜昌，再在宜昌转汽车到的木鱼镇。在木鱼镇找好住宿地方后，第二天一早就登山。来之前，我们在网上订购的是神农架六大景区联票，包含神农顶、神农坛、大九湖、天生桥、官门山、天燕风景区，这样特别实惠，而且可以尽情游玩。

首站，我们去的是神农顶。神农顶海拔3105.4米，享有"华中屋脊""华中第一峰"的美誉。早就听闻神农顶终年雾霭茫茫，登上神农顶，不仅可以一眼观三省，还可以观看翻滚的云海。

当我们一早来到景区大门口时，内心很兴奋。一眼便看到神农顶的大门与其他景区的大门不一样，山石造型做成，给人一种厚重、古老的感觉。在左边的巨石上写有"神农架"3个绿色大字。

我们进入景区，望着眼前的神农架群山和密林，心情很是愉悦。我们沿着山道往前走，一会儿来到了大龙潭。大龙潭为金丝猴野外科研观赏区。里面有金丝猴和野人的相关资料展出，但进去需另外购票。

我和妻子没有进去看，再往前走，来到了小龙潭。只见一条溪流从山上流了下来，溪水晶莹剔亮，叮咚作响地从我们身边流过去。在溪水上，建有三座小木桥，小木桥的名字都是以在神农架考察过的中外学者的名字命名的。

我们继续向前走，到达了金猴岭。金猴岭南连红岩洞，北临小龙潭，东接草坪湾，西濒长岩屋，生活着许多金丝猴。山势高峻，气候寒凉，林木茂密，叠瀑高悬。一路上，风景如画。

此时，太阳光斜照在起伏的山峰上，林海茫茫，白雾腾起，给神农架增添了一层神秘色彩。在前面，看到一条从金猴岭流下来的溪水，溪水清澈见底，我忍不住蹲下去，掬一捧溪水，清凉得沁人心脾。秋意浓浓的峡谷，显得很宁静。我们沿着林荫小道一路向前走，望着蜿蜒的溪流，充满诗意地穿过小木桥，恰似一幅美丽的山水画卷。

没过多久，我们就走到了金猴瀑布前。瀑布呈二叠状，飞流直下，清凉透亮的水珠四处飞溅，远远望去，像极了一条白色的绸带。当我们经过神农源时，石碑上刻着海拔2265米。再往前爬，我们到了神农营。神农营上是一片高山草甸风光，色彩分明，远近层次感很强，是原始冷杉林的风景。

过了神农营，再往前爬就到了神农谷。神农谷不仅有黄山的险峻，也有张家界的灵秀。谷内是一片片石林如刀丛剑林，深不可测。据介绍，神农谷处于神农架群石槽河组白云岩出露区，白云岩形成距今10亿至12亿年，由于强烈挤压和褶皱，高角度裂隙发育，流水沿裂隙侵蚀溶蚀，雕塑出今天的奇峰秀谷，丛生石林。站在神农谷上，观看着悬崖峭壁的石林，有一种"一览众山小"的感觉。

从神农谷向上攀登，走不远便到了神农顶。一登上来，视野开阔，令人神清气爽。神农顶上，峥嵘磅礴，破天遏云，傲立华中。登上来后，才发现神农顶上，比我想象的还要美得多，是名副其实的"华中第一峰"。也许站在此峰顶上，才算得上来过神农架吧。

在登上神农顶时，媳妇有点儿气喘吁吁，我还担心她有高原反应。不过还好，当她看到如此美景时，脸上露出微笑。我们兴奋地伸出双臂，立身峰顶，俯视四野，万千景象方可尽收眼底。

神农顶

神农顶上有一条木栈道，沿陡峭的山壁悬空搭建，全长5000米，海拔落差258米。我们绕着木栈道行走了一圈，有一种登临高处的感觉。站在上面，可远观神农架上的群山纵横，河流蜿蜒，云雾缠绕的壮丽景观。

下来时，我们经过了海拔2997.9米的瞭望塔，来到了凉风垭石碑前。凉风垭上峰奇谷秀，竹海苍翠。一眼望去，凉风垭在云雾缭绕下，分不清是云海还是雾海。在此站了一会，感觉特别清凉，因担心媳妇受凉，我们没有过多停留就继续下山了。

慢慢地下山走了许久，我们才走到了板壁岩。板壁岩海拔2610米，以"野人"的出没地和石林备受游人瞩目。这一带是神农架野人经常出没的地方。当然，我们是没有看到野人的。据传，板壁岩是炎帝神农在此搭架采药、疗民疾矢的地方。

出了景区后，我们还久久地沉浸在神农顶的美景中。神农顶景区那陡峭的山岭，深涧的峡谷，缠绕山峰的薄雾、山风等，美妙得如一幅惊世的山水画卷。

美丽的神农顶，我们下次再约。

小贴士：

亮点：神农顶海拔 3105.4 米，享有"华中屋脊""华中第一峰"的美誉。神农顶，峥嵘磅礴，破天遏云，傲立华中，是名副其实的"华中第一峰"。登上神农顶，不仅可以一眼观三省，还可以观看翻滚的云海。

交通：从武汉坐火车到宜昌，再在宜昌转汽车到木鱼镇，在木鱼镇可以乘坐木鱼镇—松柏镇的班车，在景区门口下车。或者在木鱼镇上自行打车去神农顶风景区。

自驾游：武汉—沪蓉高速—209 国道—神农顶风景区。

神农顶风景区管理处电话：0719-3452143。

营业时间：8：00—17：00。

购物：百佳超市、家家惠超市、木鱼超市、渝鄂生活超市等。

饮食：木鱼镇农家土菜、神农味道、野人味道、聚贤酒楼等。

特产：神农架野板栗、神农百花蜜、神农架杜仲茶、金丰猕猴桃等。

2. 神农坛，寻根神农氏

景区：神农坛风景区

地址：湖北省神农架林区木鱼镇神农坛风景区

景区主题：人文

景区指数：★★★★★

推荐指数：★★★★★

游玩了神农顶后，第二天我们去了神农坛。本想去大九湖景区，因为路途较远且不方便，就和妻子折中了一下，来到了神农祭坛。

神农坛景区是神农架旅游的南大门，是集中展示神农始祖业绩与功德的文化旅游区。

当我和妻子一下车，首先映入眼帘的是大门那一对镀金铜结构的牛角。这对牛角很具特色，也是景区的标志，象征着炎帝部落以牛为图腾的农耕传统，给人一种浓厚的神农文化气息。

关于炎帝的传说有很多。在远古之时，"民有疾病，未知药石"。神农炎帝而以"乃味草木之滋，察寒温之性，而知君臣佐使之义。皆口尝而身试之，一日之间而遇七十毒。或云，神农尝百草之时，一日百死百生，其所得三百六十物，以应周天之数，后世辗传为书，谓之《神农本草》"。

我们走进景区后，空气很是清新，令人神清气爽。远远望去，景区内青山环抱，群峰争奇，纳群山之灵气，容百川之秀丽。我们沿台阶而上，感觉景区内美丽而幽静。在林荫道路两边，各种植有一些草药，同时标注有文字图案说明。

首先，我们走进了古老植物园。园内有神农架古老、珍稀、濒危的植物物种，其中孑遗植物具有极高的观赏和科研价值。在园内，有国家一级保护植物珙桐，二级保护植物连香、香果、银杏、银雀、领春木、鹅掌楸等 27 种，国家三级保护植物秦岭冷杉和木质坚硬的马铃松、铁匠木等 200 多种。

在园内，你还可以为古老、珍稀植物的繁衍出一份力，出资领养你喜欢的一种树。届时，植物园的工作人员会将你的名字刻在石碑上，立在树旁，并每年给你寄去树的照片，说明树的生长情况。

我们在步道行走时，还遇到了装扮的野人，路遇的游客蜂拥过去合影。当然，我们也不例外，在给媳妇美滋滋地拍完照后，我们继续往前走。不远处，便看见一棵大树，这便是赫赫有名的"千年杉王"。此树栽于唐朝初年，距今已有 1100 多年历史。

我们仰望这棵千年杉王，虽然历经千年风雨、沧桑岁月，但它至今仍然巍峨挺拔，昂首云天，枝叶繁茂，葱茏劲秀。据介绍，"杉王"树高 48 米，胸径 2.45 米，树冠覆盖面积达 450 多平方米，六人合抱，还围不过来。在"杉王"古树上系了许多红布条，据传这是山民祭祀山神树神的方式。

从千年杉王左边走去，便到了地坛。地坛广场很宽阔，并画有大圆图案，代表天；圆心处设正方形，代表地。方形图案中，五彩石分列，表示金、木、水、火、土五行。在广场前端，分别立有两根 10 米高的图腾柱，柱顶上雕塑着牛首。

图腾柱后是两幅大型浮雕，展现了神农氏一生的丰功伟绩，图腾柱和浮雕之间设有祭坛。据介绍，祭坛按照古天子祭坛的规格设置，在位置上很有讲究，且看上去庄严肃穆。从地坛到天坛，要经过 243 个台阶，台阶两旁旗帜招展，显得威严、庄重，远远望去，恢宏而有气势。

据介绍，243 个台阶共分五级，自下而上，第一级为 9 步，称"明九"。其余四级依次为 72、63、54、45 步，都是九的倍数，称"暗九"。这种"九五之尊"的设计，暗含着神农的至尊地位。

我们走到了台阶下，远望祭坛内炎帝神农的巨型雕像。牛首人身，高大雄伟，庄严肃穆，双目微闭，似在静静地思索。我和媳妇一步一步登上台阶。

神农坛

天坛依山势而建，耸立在小山脉之上。当我们走到了瞻仰台，巨大的炎帝神农雕像拔地而起，顶天立地，深深震撼了我们。炎帝，烈山氏，又称赤帝，相传他发明耒耜，尝遍百草，发明医药，因此号"神农氏"。

据介绍，神农雕像高 21 米，宽 35 米，相加为 56 米，象征中华 56 个民族欣欣向荣，子孙繁衍兴旺之意。

我们在瞻仰台上站了许久，苍翠群山之间的神农祭坛，如今已是专供中华儿女缅怀先祖、祭祀神农、祈求神灵赐福的地方。在香炉前，妻子示意我烧香跪拜。我点了点头，拿起香点燃后，分给了妻子，一起拜了始祖……

去神农坛拜始祖，是我们此行最有意义的一件事。神农祭坛不仅风光秀丽，而且还让来神农架访胜寻祖的游人有一个吊古祭祖的地方，让数千年来流淌至今的文化血脉永远不断流、不干涸。

小贴士：

亮点：神农坛景区是神农架旅游的南大门，是集中展示神农始祖业绩与功德的文化旅游区。

交通：从武汉坐火车到宜昌，再在宜昌转汽车到木鱼镇，在木鱼镇上自行打车去神农坛风景区。

自驾游：武汉—沪蓉高速—209 国道—神农坛风景区。

神农坛风景区管理处电话：0719-3452143。

营业时间：8：00—17：00。

购物：红花超市、家家惠超市、木鱼超市、百佳超市等。

饮食：天旅农家宴、圣宴、野人原味、碧水山庄等。

特产：木鱼绿茶、神农百花蜜、神农架杜仲茶、神农架野板栗等。